Rafael Cansinos Assens

EL PODEROSO

EDICIÓN FACSÍMIL

ARCA EDICIONES, 2025

EDICIONES FACSIMILARES **DE LA FUNDACIÓN CANSINOS ASSENS**

El Poderoso
Orden de publicación: 47

Versión 01.01022025

© ARCA EDICIONES, cansinos.com
  FUNDACIÓN ARCHIVO RAFAEL CANSINOS ASSENS
© Herederos de Rafael Cansinos Assens

ISBN: 978-84-15957-40-9
DL: M-5277-2025   *Printed in Spain*

CONTENIDO

Descripción física de la primera edición   … … …   7

Facsímil de la primera edición de
El Poderoso   … … … … … … … … … … …   *11*

Catálogo de la colección Ediciones Facsimilares … 47

En nuestro sitio web, puede encontrar el catálogo de nuestras publicaciones. Algunos de los títulos que imprimimos en estas ediciones facsimilares tienen también edición actualizada en la que se corrigen errores y erratas, además de ofrecer la calidad de impresión de nuestros días. Normalmente, van precedidas de estudios o epílogos. El cuidado de las primeras ediciones de Rafael Cansinos Assens rara vez estuvo bajo su supervisión y dependía del interés que pusiera la editorial en su producción, que la mayor parte de las veces no era la más adecuada, lo que resultaba en textos sin corregir una vez compuestos, tipografías frecuentemente *machacadas* por la reutilización de las matrices, impresión en talleres industriales poco pulcros, etcétera. Por otra parte, la acidez del papel, que lo hace amarillear, la exposición a medio ambientes con humedad, las manipulaciones o el almacenamiento inadecuados, el deterioro químico de las tintas, hacen a veces muy difícil la lectura de estas ediciones.

Las impresiones facsimilares de ARCA intentan en la medida de lo posible superar todos estos problemas con técnicas de digitalización o fotografía, siempre respetando la fidelidad al original para que no haya pérdidas de información. Cuando es posible, hacemos ampliaciones para facilitar la lectura.

cansinos.com

FICHA DESCRIPTIVA BÁSICA

TÍTULO:	*El Poderoso*
AUTOR:	Rafael Cansinos Assens
EDICIÓN:	1.ª
LUGAR DE PUBLICACIÓN:	Madrid
EDITORIAL:	La Novela Corta
FECHA DE PUBLICACIÓN:	1923, mes de diciembre, año VIII, núm 417.
PÁGINAS:	32 (sin incluir las tapas)
DIMENSIONES:	19,5 x 13,7 cm sin lomo por estar grapado
CARACTERÍSTICAS ADICIONALES:	Anuncios de La Novela Teatral a dos colores, azul y rojo, en 2.ª y 3.ª de cubierta.
NOTAS:	Es un pliego de 32 páginas impreso a doble cara en negro sobre papel blanco de unos 70 grs, tipo offset, y para la cubierta un pliego de 4 páginas sobre un estucado de unos 100 grs impreso en cuatricromía. Los papeles son de baja calidad y la impresión es muy deficiente. El texto lo ilustra Mike, con varios dibujos incluido el de cubierta,

* * *

NOTAS A NUESTRA EDICIÓN:	Los interiores de este título, para facilitar la lectura, se han reproducido al 125% del tamaño original. En las páginas 8 y 9 se puede comprobar el tamaño real y cuál es la disposición y puesta en página de la edición original.

—Vaya una señora—dice—. Todavía tengo que salir a la calle...—y su cara expresa un gran despecho.

—Sí; pero ya no es como antes—digo yo—. Ahora te recoges en los cafés, y oyes la música entre tus amigas. Apenas si paseas un rato por la acera asfaltada, lisa y limpia como una alfombra. Cuando yo me separo de los amigos, corro a buscarte, y como me entretenga un poco, ya no te encuentro. Eres la primera estrella que desaparece en la madrugada. Has prosperado, amiga Emilia...

—Di que sí—asiente la Antonia—; ya sale a la calle por gusto...

La Emilia sonríe, ufana, fingiendo modestia. Es ya la cortesana madura, experta y gloriosa, que tiene buenos amigos y defiende su cuerpo cansado rodeándose de mujeres jóvenes como espadas.

—Y tiene buenos trajes, y ropa blanca en los armarios y dinero en el bolso—dice la Antonia con una envidia humilde y admirada.

—Sí, sí—exclama la Emilia con modestia—. No me puedo quejar; estoy mejor que antes, cuando me conociste. Tengo mi casita. No debo nada a nadie. Tengo mi armario de luna, mi cama de palo santo, mi aparador... Tengo buenos amigos... Pero todavía tengo que salir a la calle...

—¡Y que ya es hora de irnos!—dice la Elisa levantándose.

Las tres miran el reloj, traspunte silencioso que indica su salida a escena a estas artistas del poema nocturno, y se levantan suspirando. ¡Se estaba tan bien aquí!

Elisa y Antonia van allá dentro, donde se las siente revolver ropas con tierna lentitud. La Emilia se retira a su alcoba, a donde la Paca le lleva una camisa inmaculada, semejante a un alba sacerdotal, extendida en la palma de su mano senil cual un ofrenda. Es la camisa de cada día, blanca como una aurora, bordada como un estandarte, digna de ofrecerse en bandejas de plata, pues es cada noche como la camisa de una novia. Mi amiga la recibe en sus manos, desnuda, pero recatada tras la cortina de la alcoba; y yo siento que se la ciñe con un leve temblor de su cuello, como si su abertura fuese el alfanje de la aurora. En la luna del espejo puedo ver un instante rielar la desnudez dorada de su cuerpo. Luego ella sale en pantalones, encantadora con ese aire ambiguo de la mujer que ha dejado la falda y se nos parece. También están aquí ya las dos amigas que, más jóvenes y cenceñas, afirman más aún su semejanza con los países antiguos. Pero ya las tres se han vestido las faldas que las proclaman mujeres. Ahora se alisan los cabellos, se empolvan las mejillas con la borla rizada que pasa de unas manos a otras como ese incensario que los oficiantes se van pasando unos a otros en la misa. Es dulce verlas ataviarse ante el espejo: dulce y festivo, porque son tres ilusiones, tres glorias de la vida, y aun vestidas guardan el encanto jocundo de la desnudez. Son tres cortesanas,

Formato (19,5 x 13,7 cm) y disposición tipográfica de la edición original de las páginas pares al 100%. A la derecha, de las páginas impares.

el dinero, nos persiguen como si no tuviéramos derecho a la vida... ¿Está eso bien? ¿Es que no podamos andar por la calle como las demás mujeres?

Las amigas le hacen coro:

—Sí, eso está muy bien... Es lo mejor de la obra...

La Emilia insiste:

—Ya ves lo que dice de ese pobre chico que murió en la cárcel abandonado, con calenturas... El "Poderoso" dice que eso fué un crimen... Y decía el "Poderoso" que está bien que se escriban estas obras, porque él sabe, que lo ha oído contar, que la otra noche detuvieron los agentes a una mujer y la llevaron al juez de guardia; la mujer le pidió al juez llorando que la soltara, que era la primera vez que salía a la calle y que lo había hecho porque tenía un niñito enfermo, y que el niño estaba solo en la casa, y que si no la dejaba ir a cuidarlo, se moriría... Y fué el juez y acordándose de aquel niño que se murió en la cárcel abandonado—, porque el juez había visto la obra—soltó a la mujer y le dió dinero para que llevase medicamentos al niño... ¡ya ves!

La Antonia y la Elisa unánimes exclaman:

—Sí, es verdad, que lo ha contado el "Poderoso."

La Emilia agrega:

—Yo lo cuento muy mal. Hay que oírselo contar al "Poderoso." A mí se me saltaban las lágrimas.

Llenos de llanto tiene ahora también los ojos. Esas lágrimas proclaman la gran sed de justicia que padece el corazón de las rameras. De toda esa obra, apología ingenua y exaltada de la cortesana, la Emilia y sus amigas, hermanas de la heroína canonizada, dejando aparte ese nimbo de santidad, acaso puramente lírico, diadema excesiva sobre sus pobres frentes de pecadoras, sólo recogen la nota social y humana, el grito que demanda justicia, el gran alarido de amor. Sus almas ingenuas sólo ese halago han sentido en esa obra que las diviniza. Acaso encuentran inverosímil la figura de la protagonista. Ellas sólo ven la verdad y la grandeza de la obra en esa demanda de justicia, que se apoya en el tremendo testimonio del cadáver de un niño.

Yo, enternecido, contemplo a la Emilia que se enjuga los ojos, y murmuro:

—Está bien, Emilia, está bien. Eso es lo más hermoso de la obra.

La Emilia:

—Ya te he dicho que no entiendo; pero el "Poderoso" decía lo mismo... Y ya ves, quizá por esa obra se haya salvado un niño.

Cubierta (195 x 137 mm) de la edición original digitalizada al 100%.

COMIENZA AQUÍ LA REPRODUCCIÓN FACSIMILAR con una ampliación del 125%→

N.º 417
Año VIII

LA NOVELA CORTA
DIRECTOR: JOSÉ DE URQUIA

Madrid 1.º
Dic. 1923

ADMINISTRACIÓN: MADRID.—CALVO ASENSIO, 3.—APARTADO 8.008.—TELÉFONO J-624

AGENTE EXCLUSIVO PARA LA VENTA DE ESTA REVISTA:

Guatemala: DE LA RIVA HERMANOS.— 9.ª Avenida Sur, n.º 8.— Guatemala C. A.

Precio del ejemplar en Buenos Aires: 20 centavos.

EL PODEROSO

NOVELA INÉDITA

R. CANSINOS-ASSENS

(ILUSTRACIONES DE MIKE.)

Mi amiga Emilia, madura y dorada, es pomposa como el mes de agosto
en que la conocí, hace ya mucho tiempo... Ahora es para mí un idilio pretérito, una reliquia casi, que yo me complazco en contemplar tranquilamente sentado, junto a la mesa, sobre cuyos blancos manteles apoya ella sus
pechos, ya dulcemente vencidos, de los que parece fluir un reguero de miel.
Ella se yergue, matronal y anactoria, entre sus jóvenes amigas, la Antonia
y la Elisa, muchachas finas y delgadas, primaveras picoteadas por todas
las abejas del amor. Allá adentro se oyen los pasos de la Paca, la criada,
una mujer vieja y fuerte, que aun conserva en sus mejillas las rosas de la
salud aldeana y muestra en su sonrisa la plácida alegría de ser viuda y
vieja para sentirse invulnerable a los deseos de los hombres. ¡Mujer admirable esta Paca, rosada y fuerte, que lleva los pechos abollados y perdidos bajo la ceniza de su traje oscuro, y es pura como una abuela entre las
cortesanas! ¡Es dulce ver cómo está llena de ternura y de piedad para sus
señoritas y como las trata con un mimo servil y reverente! Ella cuida de
tenerles siempre a punto la camisa limpia, esa camisa inmaculada que es
como el honor y la virginidad de las cortesanas, y de que no les falte tampoco ese huevo batido que se toma al volver en la madrugada, de la calle;
ella las anima a comer cuando están desganadas; y cuando los agentes las
detienen, arrojándolas como a malhechores en los sótanos de las comisarías, ella, compadecida y solícita, va a llevarles el chal para que se abriguen

y la cena en un portaviandas como se les lleva a los obreros; y vuelve enternecida, y diciendo: "¡Pobres hijas mías! ¡Dónde me las tienen! Le digo a usted que da pena!"

En esta hora, mis amigas están de sobremesa, y descansan un rato antes de salir a la calle; porque salen todas las noches, a ofrecer su belleza, engalanadas como actrices; y ya, aunque envueltas todavía en sus batas llenas de intimidad, muestran las sienes coronadas por peinados irreprochables, entretejidos como cestillos. ¡Esos peinados semejantes a penachos que los amantes de una hora no deshacen y que brillan como cometas sobre las desnudeces rosadas! Ahora están ociosas, fumando cigarrillos, llenas de abandono al parecer, pero mirando de soslayo al reloj; con esa inquietud serena de los artistas entre los bastidores; y yo tengo la impresión de estar así, entre los bastidores del teatro de la noche, a cuyo escenario van a asomarse dentro de un rato estas mujeres, blancas de polvos y coronadas de rizos.

¡Oh el placer de esta contemplación! Yo estoy sentado, junto a la mesa, frente a las tres amigas, que no recatan de mí sus secretos, porque saben que yo soy el amigo de confianza de la Emilia, ese amigo al que no importa desilusionar ni seducir, pues no ha de ser para ninguna un amante, y sólo pueden esperarse de él pequeñas atenciones. Así ellas me dejan ver, por entre los resquicios de su ropa, con toda ingenuidad, vislumbres de carne rosada como cielos de diciembre, rodillas pulcras como conchas de baptisterio y pechos de una gracia pueril. Ellas saben que mi admiración es para mi pingüe amiga Emilia, y para su adorado agosto carnal.

Ella lo sabe también, y se adorna con mi presencia como con un trofeo. Mi llegada enciende luces nuevas en sus ojos. Hínchasele la garganta con mayor número de collares carnales; y en sus mejillas fórmanse hoyuelos como en una tierra regada. Es que su agosto comienza a ser otoñal; y yo soy un testigo de su belleza antigua, pues la he conocido antes que estas amigas jóvenes, que ahora surgen en su vida como rosas. Yo la he conocido cuando era enteramente joven, cuando sus carnes eran tan duras que rechazaban el beso y lo proyectaban como el hueso de un fruto, cuando la mano resbalaba sobre la tersura de su piel como sobre el marmol de un barandal. Ella se goza en recordar ese tiempo glorioso.

—Este—les dice a sus amigas—me conoció a poco de venir yo de la provincia, cuando yo era nueva—(¡nueva! es admirable el tono con que pronuncia el epíteto virginal.)—Fué uno de los primeros hombres que conocí aquí... Cuánto tiempo hace ya de eso, ¿te acuerdas?

Sí: me acuerdo; el glorioso episodio está grabado en mi memoria con todo el fuego del verano, y mi amiga es para mí, por eso, como una imagen tropical, dorada y pingüe, entre rimeros de frutas, cubiertas con gasas finas como mosquiteros. Me acuerdo, y en un gran asentimiento mudo, permanezco embelesado, contemplando el rostro dorado de mi amiga, dulce como esas lámparas envueltas en tules que en agosto se ven brillar al través de las ventanas abiertas

—¿Te acuerdas?—insiste mi amiga, ufana, como si aún persistiese en sus labios la miel de aquellos besos—. Entonces—continúa—no vivía yo aun aquí... sino en otras calles altas... Era verano, y volvía ya de madrugada a casa, cuando me lo encontré ¿de dónde venías?

Yo hago un gesto, lleno de lontananza, en tanto evoco la dulzura de aquella noche. Y con vez lenta y religiosa, pues toda evocación es un evangelio, murmuro:

—Venía, ¿quién sabe de dónde?... De alguna verbena, de pasear solo bajo arcos de papel pintado y entre parejas de novios... Volvía polvoriento y cansado, chamuscado por las centellas de los cohetes, cuando te encontré a ti... Tú volvías a casa también sola y cansada, según la dulzura con que caminabas. Vestías un traje claro, llevabas al aire la nuca encrespada de rizos, eras dorada y pingüe, la imagen del verano. Me detuviste, me invitaste a subir a tu cuarto y, como yo me mostrase remiso alegando mi pobreza, pues en la madrugada todos somos ya pobres, tú me cogiste del brazo, y me dijiste: "No importa." Presentías que no todo lo había yo disipado en la madrugada y que la escarcela de mi ternura estaba intacta todavía. Tuviste un rasgo de mujer caprichosa, de gran dama, de reina de una isla de placeres, que nunca olvidaré y que te nimba de prestigio en mi memoria; y me llevaste a una casa iluminada y desierta al parecer, donde la puerta se nos abrió misteriosamente; y yo no sé más sino que me encontré contigo a solas, en una habitación de balcones abiertos, donde había macetas verdes semejantes a pájaros verdes, y una chaise-longue, donde tú descansabas tu dorada opulencia... Yo estaba a tus pies y te miraba deslumbrado como a una gran luna...

Mi amiga me escucha embelesada, como si le contase una bella historia ajena. Tiene puestos sobre los manteles los brazos desnudos y me mira absorta y ufana, como si viese salir de mis labios bengalas y ruiseñores. De pronto exclama, soñadora:

—Tu decías que yo te parecía una hortensia...

—Si; es verdad: una hortensia amplia y pomposa, como las que en verano se ven en las verbenas, descollando entre la albahaca y los lirios... Yo no me cansaba de admirarte; como un suplicante me abrazaba a tus piernas, y me era grato pensar que era pobre ante tu hermosura... No me atrevía a poseerte; lo esperaba todo de ti... Y tú, de pronto, te levantaste, y fuiste a cerrar el balcón...

—¡Cómo te acuerdas!—dice ella.

—Si: y recuerdo también que al despedirnos, tú, apoyada en el quicio de la puerta, te tambaleabas... Y tu cansancio y tu palidez eran como un penacho sobre mi triunfo; porque tú, mujer venal, me habías amado como aman las reinas generosas...

—Es—dice ella sonriendo—que tú me prometiste ser espléndido en otra ocasión ¿no te acuerdas? Me dijiste—: Descuida, que yo volveré por aquí y te recompensaré como mereces—. No sé cuantas cosas me ibas a regalar—. Decías—: ¡Si hubiera sabido que te iba a encontrar esta noche! Me lo gasté ya todo, y estoy hecho un pobre; pero mañana volveré a ser rico...—Y yo me lo creí, y dije: ¡Bah! por una vez; ¡quién sabe si habré hecho mi suerte! Pero luego, siempre que volví a encontrármelo—dirigiéndose a las amigas—ocurría lo mismo: y reñíamos siempre...

—Emilia—imploro yo—no reniegues de ese rasgo que te nimba de prestigio y te equipara a las bellas reinas voluptuosas de la leyenda... El recuerdo de aquella noche es una de las cosas más bellas de tu vida... ¿Por qué avergonzarte de haber sido generosa una vez y quitádote de la frente el precio que te marca como a una muñeca?

Pero ella protesta y se defiende, como si temiera quedar desconceptuada por esa flaqueza. El precio es el honor de las mujeres venales, y su donación generosa tan vituperable como el abandono de una virgen. El precio es su justificación y su santidad.

—No hagáis cuenta de lo que dice—les ruega a las amigas—; él siempre me pagaba como los demás... aunque se resistía... ¡Teníamos unas disputas! ¡A veces quedábamos reñidos para siempre! Pero luego volvía...

—¡Erais como novios!—observa la Elisa, la Elisa que es fina y alta como una novia.

—¡Es verdad!—exclama la Emilia, y se enternece su dorado semblante—. Reñíamos tanto como los novios, y siempre volvíamos a hacer las paces... Y así durante muchos años... ¡Y ahora somos todavía buenos amigos!

—Pues todo eso—digo yo—se debe al prestigio de aquella noche antigua. Tu rasgo espléndido y caprichoso fué para mí como el origen de una leyenda. Yo te veo siempre cubierta por el manto fastuoso de una emperatriz libertina; y me es grato imaginarme pobre y servil ante tus piernas. Ya ves como nunca dejé de buscarte en la noche, en las esquinas que decorabas con tu dorada plenitud, y como muchas veces, cuando en verano te sentabas llena de abandono en las anchas losas de las puertas, iba a echarte en la falda monedas y golosinas, y cómo ahora vengo a verte y te traigo entradas de teatro, de esas que tienen el pomposo membrete de Prensa, y botellas de buen vino que me envían de la provincia, y hasta el calendario que cada año cuelgas de la pared, debajo del reloj...

Y todo esto desinteresadamente, porque yo ya no aspiro a nada sino al placer de verte sentada, ahí, frente a mí, holgada y muelle, con tu aire de señora, de ama indolente y tropical, con tus pechos que se desbordan flojos entre esos frutos y tus brazos desnudos sobre los manteles, como te he visto tantas veces, por entre los cristales de un café, explayada sobre un diván, hundiéndolo con tu peso glorioso...

—¡Es verdad!—dice la Paca que ha venido de la cocina—. Mi señorita tiene aire de señora. Ha nacido para mandar.

—Y es la señora de la casa—dice la Antonia, humilde—. Nosotras somos las huéspedas...

—Y yo veo sortijas en tus manos, y tienes criada, Emilia.

Ella sonríe mirándome las manos.

—Vaya una señora—dice—. Todavía tengo que salir a la calle...—y su cara expresa un gran despecho.

—Si; pero ya no es como antes—digo yo—. Ahora te recoges en los cafés, y oyes la música entre tus amigas. Apenas si paseas un rato por la acera asfaltada, lisa y limpia como una alfombra. Cuando yo me separo de los amigos, corro a buscarte, y como me entretenga un poco, ya no te encuentro. Eres la primera estrella que desaparece en la madrugada. Has prosperado, amiga Emilia...

—Di que sí—asiente la Antonia—; ya sale a la calle por gusto...

La Emilia sonríe, ufana, fingiendo modestia. Es ya la cortesana madura, experta y gloriosa, que tiene buenos amigos y defiende su cuerpo cansado rodeándose de mujeres jóvenes como espadas.

—Y tiene buenos trajes, y ropa blanca en los armarios y dinero en el bolso—dice la Antonia con una envidia humilde y admirada.

—Sí, sí—exclama la Emilia con modestia—. No me puedo quejar; estoy mejor que antes, cuando me conociste. Tengo mi casita. No debo nada a nadie. Tengo mi armario de luna, mi cama de palo santo, mi aparador... Tengo buenos amigos... Pero todavía tengo que salir a la calle...

—¡Y que ya es hora de irnos!—dice la Elisa levantándose.

Las tres miran el reloj, traspunte silencioso que indica su salida a escena a estas artistas del poema nocturno, y se levantan suspirando. ¡Se estaba tan bien aquí!

Elisa y Antonia van allá dentro, donde se las siente revolver ropas con tierna lentitud. La Emilia se retira a su alcoba, a donde la Paca le lleva una camisa inmaculada, semejante a un alba sacerdotal, extendida en la palma de su mano senil cual un ofrenda. Es la camisa de cada día, blanca como una aurora, bordada como un estandarte, digna de ofrecerse en bandejas de plata, pues es cada noche como la camisa de una novia. Mi amiga la recibe en sus manos, desnuda, pero recatada tras la cortina de la alcoba; y yo siento que se la ciñe con un leve temblor de su cuello, como si su abertura fuese el alfanje de la aurora. En la luna del espejo puedo ver un instante rielar la desnudez dorada de su cuerpo. Luego ella sale en pantalones, encantadora con ese aire ambiguo de la mujer que ha dejado la falda y se nos parece. También están aquí ya las 'dos amigas que, más jóvenes y cenceñas, afirman más aún su semejanza con los pajes antiguos. Pero ya las tres se han vestido las faldas que las proclaman mujeres. Ahora se alisan los cabellos, se empolvan las mejillas con la borla rizada que pasa de unas manos a otras como ese incensario que los oficiantes se van pasando unos a otros en la misa. Es dulce verlas ataviarse ante el espejo: dulce y festivo, porque son tres ilusiones, tres glorias de la vida, y aun vestidas guardan el encanto jocundo de la desnudez. Son tres cortesanas, y serán amadas esta noche, y por eso sus galas son más alegres que las de las vírgenes. Yo las contemplo embelesado, gozando ese placer sólo vagamente gozado cuando se ataviaban las hermanas.

—¡Ea, vamos!—dice la Emilia—¡alúmbranos!

Yo me levanto reacio, me despido de la Paca, y las precedo alumbrando la escalera. Al salir a la calle, veo una gran luna, por cuya dorada plenitud resbala una nube blanquísima, sobre el fondo azogado del cielo. La camisa de Emilia resbalando sobre su desnudez adorada. En la esquina las tres amigas se separaron de mí. Van a hundirse en la noche, y me dejan solo, defraudado y triste, con la sensación amarga y tierna de haber visto su desnudez reflejada en un espejo. ¡Sensación inefable, paradisiaca e inocente, por la que yo murmuro en la sombra con tono de oración: ¡Oh Dios mío, dadles suerte esta noche a mis tres amigas!

* * *

¿Por qué subo yo en el crepúsculo las escaleras de mi amiga Emilia y vengo a poner mis manos sobre los blancos manteles de su mesa, si ya no creo en el placer de las cortesanas, y los pechos de esas tres mujeres son para mí como esos frutos que se ostentan en su fuente de loza, fríos no obstante su encendido color? Y sin embargo, vengo a poner mis manos torpes y cansadas sobre esta mesa que no es para mí la de ningún convite, y mi cara bajo el halo de luz de esta lámpara, que pone de manifiesto mis primeras arrugas, esas primeras arrugas, las más voraces y crueles. Vengo porque es fatal que todos subamos a las casas de las cortesanas, filósofos y ascetas, libertinos y santos, y principalmente los que no vamos a los templos; porque las cortesanas son patéticas y conmovedoras; y cuando se acaba nuestro amor a ellas, empieza nuestra caridad; y son humildes y menesterosas, aunque tengan las manos llenas de sortijas, y en sus faldas de lino o de seda, podemos echar esas dádivas que otros arrojan en los sudarios de los Cristos.

Por eso yo subo en el crepúsculo las escaleras de mi amiga Emilia, portador siempre de alguna ofrenda que me justifique, y me resigno a afrontar la luz de su lámpara rosada que me envejece como una aurora sobre mis arrugas, y las miradas de sus amigas que rasgan mis carnes. Yo ya sé que no soy ningún joven, pues el imán de las mujeres ha dejado de actuar sobre mí con la violencia de otro tiempo; pero nunca lo siento con tanta intensidad como aquí, ante estas mujeres jóvenes, que me tutean con cierta timidez como si temieran ofenderme, y ante esta amiga antigua, cuya pingüe hermosura empieza a ser otoñal. Ella misma es involuntariamente cruel, pues se complace en evocar fechas pretéritas e imágenes remotas que nos envejecen a ambos. En su afan de ostentarme como un trofeo y de dotarme de un prestigio retrospectivo ante sus amigas, lacera despiadada mi efigie actual y la maltrata como si estuviera estampada en un lienzo. Y yo no sé quejarme, porque eso, en el fondo, es amor y ella también se arroja conmigo a esa pira de los años pasados.

He aquí que bajo la corona irrisoria de la lámpara, yo estoy ante ella como un pobre Ecce-Homo. Ella me mira con el dulce mentón entre las manos y me dice:

—¡Cuánto has cambiado desde que nos conocimos! ¡Parece mentira! Estás hecho un viejo, ¡hombre! ¡Y te has quedado más delgado!

Yo me encojo en mi asiento y sonrío heroicamente. La Antonia y la Elisa me miran; y su mirada es compasiva y clemente como un velo.

—¡No, mujer!—dicen—. ¡Todavía se ve que es joven!

La Emilia insiste:

—¡Pero si lo hubiérais conocido antes! Era lo que se dice un chico guapo. ¡Ahora no es ni su sombra! ¡Lo único que conserva es el pelo!

Las dos amigas elevan la mirada a la cumbre de mis sienes, y exclaman admirativas:

—Si es verdad; ¡pelos de poeta! ¡Pelos rufos! ¡Más de una mujer los quisiera!

—¡Sí, pero ya no es ni su sombra! Diríase que ha tenido una enfermedad. ¡Hay que ver cómo se ha quedado!

Me mira con unos ojos de piedad que parecen echar cenizas sobre mí; su mirada compasiva es más cruel que los espejos y yo que necesito mirarme en esas lunas me veo ahora sorprendido y descubierto. Y siento la necesidad de defenderme como si el no ser ya joven fuese un crimen. Y digo tímidamente:

—Mujer, después de todo, no soy ningún viejo...

—¿Cuántos años tienes?—me pregunta la Antonia.

—A ver si lo aciertas...—y le muestro mi cara, a plena luz, como en un aguafuerte. Ella me mira atenta, y yo siento como si mi cara fuese una margarita que ella deshojase pétalo a pétalo.

—¡Todavía no tienes cuarenta!...—dice.

Respiro, y le digo a la Emilia, triunfante:

—¡Ya ves!

—No, si no quiero decir que seas ningún viejo—me explica la Emilia—, entiéndeme; sino que ya no eres lo que se dice un joven. Te pasa lo que a mí...

—Tú estás cada día más joven y más hermosa. Cuando te conocí, no me gustabas tanto como ahora... Te has abierto como una rosa, Emilia...

Pero la Emilia protesta:

—¿Ves? Por eso reñimos siempre, porque exageras las cosas. ¿Cómo voy a estar ahora mejor que cuando me conociste? Los años no pasan en balde, y yo me noto más cansada. No digamos que sea una vieja: pero tampoco soy ya una joven. ¿Tú crees que no lo noto? Los hombres ya no me miran como antes, y yo misma tengo los ojos más apagados.

Tiene razón mi amiga; la contemplo ahora bajo la lámpara que se vierte como una concha de luz sobre su rostro, y descubro en sus facciones dulzuras extremadas y suavidades que son ya insinuaciones decadentes. Las ascuas de sus ojos se han amortiguado; se han hecho más profundos los hoyuelos de su risa, y algo así como una niebla le apastela el semblante. Su belleza empieza ya a ser una leyenda; sin embargo, todavía hállase detenida en una venturosa madurez de agosto. Y es glorioso marchitarse así, sin barba, sintiendo que los pechos se comban cada vez más pingües y dulces, y la garganta colma su más amplia medida. Y yo veo a mi amiga, matronal y explayada, como un plenilunio vivo. De pronto, le pregunto:

—¿Qué edad tienes, Emilia?

—La misma que tú—me responde—. Aun no cumplí cuarenta...

¡La misma que yo! Y sin embargo, ¡oh, prodigio de la belleza! ella, a mí al menos, me parece mucho más joven. ¿Quién habló de la vejez prematura de las mujeres? Envejecemos prematuramente nosotros, que nos cubrimos de barba y nos ennegrecemos y enmascaramos; pero ellas, de mejillas claras siempre, se maceran cada vez más, en la dulzura de su sexo. Sin embargo, al lado de la Antonia y la Elisa, que tienen toda la tersa frialdad de la mañana, ella es como la hora requemada del mediodía.

Antonia y Elisa rayan en los veinte años, la edad de las novias. Su carne tiene blancuras inverosímiles y parece que si se las exprimiera arrojarían un zumo insípido como el de las azucenas magulladas. Son jóvenes e ingenuas, y todavía no lucen sortijas en las manos. Nos miran ahora como intimidadas por nuestras edades; reverentes y admirativas; la Emilia es la mayor—parecen pensar—y por eso es el ama y posee joyas.

Y sin querer adoptan para con nosotros actitudes deferentes, casi filiales: podrían ser casi nuestras hijas. Y yo siento que aumenta mi timidez ante ellas, y me enojo más en mi asiento y hago más pequeñas mis manos. Sobre mi amiga y yo ha pasado un hálito de postrimerías.

Oh, Emilia, ¿por qué hablar de estas cosas que nos hacen antiguos? Ahora yo no me atrevo a mirarte con demasiado amor, por miedo a las burlas de estas jóvenes. ¿No te parece que estamos un poco en ridículo ante ellas, tu, la mujer madura, la cortesana vieja, y yo el amigo antiguo que ya no hace crujir los lechos y trae siempre regalos para justificar su visita?

Siento ganas de irme, y hago ademán de levantarme. Pero Emilia me detiene.

—¿Adónde vas tan pronto? Espérate y nos acompañarás hasta el café. Ya vamos a vestirnos.

Se levantan. Surge la Paca con la camisa inmaculada de cada noche. La Emilia se la ciñe ante el espejo, donde su belleza madura se refleja como un ocaso. Llena de osadía, me dice:

—Yo ya no te gusto, ¿verdad?

Echa si duda de menos mis caricias antiguas. Yo, sentado en mi silla, balbuceo una excusa. La Elisa y la Antonia dicen, riendo:

—Mira como te quiere la Emilia. ¡Eres su amigo antiguo! Dale un beso, hombre.

Pero yo sonrío, lleno de timidez.

—Nosotros—murmuro—no somos más que amigos...

—Amigos nada más—dice la Emilia con melancolía. Y de pronto, como si se le despertara su voracidad de cortesana, exclama:

—¿Cuándo nos vas a traer entradas de teatro?

Yo, dichoso de poder ocultar mi rubor, respondo:

—Un día de estos. ¿Para qué teatro las quieres?

—Para uno bonito—dice ella—. Para ese nuevo que han inaugurado hace poco.

—Bueno—la digo yo, y en mi interior admiro el ímpetu con que las cortesanas se lanzan hacia la novedad, lo mismo que el hombre corre hacia las cortesanas jóvenes—. Te las traeré.

Yo soy ya el amigo antiguo, al cual no se le pide un beso, sino esas cosas que al amigo de una noche no pueden pedírsele. ¡Oneroso privilegio! Y sin embargo, es dulce ser el amigo antiguo y tener un asiento en casa de las cortesanas para verlas cambiarse de camisa y ataviarse para seducir a otros.

＊ ＊ ＊

En casa de mi amiga Emilia, adonde yo subo, tímido como si fuera un joven, como se sube siempre las escaleras de esas casas, cuando se sabe que la criada vieja no va a mullir alegremente para uno los colchones de un lecho. Desde la puerta oigo la voz de la Emilia que charla con sus amigas, alegre y ufana, con su voz de dueña de la casa, una voz tan llena de dominio y tan dichosa que me intimida, pues ¿qué somos nosotros al lado de una mujer feliz? De buen grado retrocedería; pero me llena de valor saber que soy portador de una ofrenda. Llamo a la campanilla, y sale a abrirme la Paca. Las conversaciones se han interrumpido un momento y yo siento toda la ansiedad de una gran espectación.

Seguramente las amigas de la Emilia se han alisado los cabellos, llevándose las manos a las sienes; y ella misma, la madura dueña de la casa, se ha incorporado en su asiento, volviendo su rostro hacia el pasillo. La Paca me abre y me saluda diciendo:

—¡Ah, es usted, señorito! ¡Pase usted, que ahí dentro está la Emilia!

Y yo siento que el cuerpo pesado y magnífico de mi amiga vuelve a afirmarse sobre el asiento.

—¡Pasa!—me grita invisible; y yo me adelanto, y entro, y me siento en el pico de una silla, ante la mesa que aún conserva los manteles, sobre los cuales, confiados, reposan los pechos de tres mujeres jóvenes, sustituyendo a los frutos consumidos.

—¿Me traes algo?—me pregunta la Emilia, siempre venal, y ya tiende hacia mí sus brazos mórbidos y dorados.

Yo la miro y sonrío para mitigar lo crudo del momento. Las amigas la reprochan:

—¡Mujer, déjalo siquera que descanse!

Ellas, la Antonia y la Elisa, me miran con dulzura, casi con piedad. Soy el amigo antiguo, el amigo pobre, para el cual no se desnuda alegre y codiciosa una mujer, y al que tampoco hay miedo de enseñarle una fealdad. Ellas tienen entreabierta la bata y en el abandono de la sobremesa

son de una admirable e ingenua dejadez; me muestran sus medias rotas
y sus camisas no enteramente inmaculadas.

La Emilia vuelve a repetirme:

—¿Me traes algo? ¿Acaso entradas para un teatro?

Yo creo deber quejarme, aunque en el fondo me halaga esa voracidad
de una mujer, que es después de todo una forma de amor: pues lo triste
sería ser esa criatura olvidada del todo, a la que nadie pide ya nada.

—Amiga Emilia ¡qué interesada eres!—exclamo.

Las otras murmuran:

—¡Tiene razón, mujer!

Ella, sonriendo, contesta:

—¡Ser cortesana y no pedirles nada a los hombres!—E insiste—. ¿No me has traído entradas? ¿Son para un buen teatro?

Al solo nombre del teatro se animan los semblantes de las dos mujeres, que me miran como si yo fuera ya la escena iluminada. Tímido y festivo, apretando los dientes como el lebrel que deja caer su presa, yo respondo:

—Sí.

La Emilia grita, triunfante:

—¡Trae teatro, muchachas!—Y luego—. ¿Para dónde? ¿Es para una función bonita?

Yo saco lentamente el billetito enrollado, y lo desdoblo, y se lo entrego a la Emilia.

—Es para que veáis esa función nueva, en la que sale una casa como esta, y mujeres como vosotras y poetas...

—¡Como tú!—termina la Emilia—. Entonces será una cosa como "Bohemios"—y hace un gesto de desencanto.

—No—dice Elisa, fina y alta—. Es una función muy bonita... He oído hablar de ella. El "Poderoso" la ha visto y dice que es una gran obra. Se llama "Santa Isabel de Ceres".

—Entonces vamos a verla—exclama la Emilia—. ¡Podemos ir todas!

—Sí, mujer—le digo—y aun puedes convidar a alguna amiga... ¡Es un palco!

—Entonces llevaremos también al "Poderoso" ¿verdad?—dice dirigiéndose a las jóvenes.

Yo hago un gesto semejante a una bendición. La Emilia grita con su voz plena y madura:

—Niñas, vamos a vestirnos en seguida.

Es admirable el entusiasmo que el espectáculo suscita en mis amigas. Hasta la Paca ha venido de la cocina, llena de júbilo a pesar de que ella no ha de ir. La escena refulgente arroja hasta aquí mismo sus haces de luz; la palabra teatro arde como una bengala. La Emilia y sus amigas se levantan de los asientos, corren a buscar su mejor traje, requieren el peine y las tenacillas, y luego se disputan el gran espejo como pájaros que se disputan el agua de un charco de lluvia. La Paca las secunda, aprontándoles la ropa y las tenacillas calientes. Y ellas se sienten tan dichosas que Elisa, la novia de los primeros amores, se vuelve a mí y me dice:

—Y tú ¿no vienes?

—Yo no...—le digo—. ¡Os traigo las entradas para vosotras!

—¡Qué bueno eres!—dice la Antonia.

—¡El estará harto de verlo!—dice la Emilia.

Yo hago un gesto de asentimiento. Estoy harto en verdad: admiro el denuedo con que las cortesanas afrontan las fulgencias de la escena y el Ecce Homo de los palcos; admiro y me maravilla la premura con que se lanzan al placer enarcando todavía los pechos abollados. Mi fiesta, mi teatro es verlas a ellas, contemplar su entusiasmo, la prisa ilusionada con que se visten las tres, hasta mi amiga Emilia, pesada y pingüe, que parece rejuvenecida y resplandece ante el espejo. Ellas son mi teatro, y yo las contemplo embelesado, medio desnudas y muy peinadas como las actrices en sus camerinos, sonriéndome cada vez que se ciñen un lazo. Yo estoy sentado, con las manos sobre la mesa, y miro envidioso como la Paca, que ya es una vieja, las ayuda a engalanarse, contagiada de su ilusión. ¡Es tan patético ver ataviarse a una mujer joven! Es bello y tierno, por la fe que hay en el gesto que ahueca un rizo o alisa una arruga, por la confianza y la humildad con que en su soberbia aparente se brinda una mujer engalanada, a la que puede herir una mirada desdeñosa. La mujer que se atavía es de tal modo patética, que todos querríamos embellecerla aun más, y yo instintivamente tiendo la mano para ayudar en su tocado a la Emilia. Gesto torpe y servil, patético también, como un homenaje a las que van a brindarse a los leones de la contemplación.

En tanto se visten, hablan veleidosas y expresan sus entusiasmos. La Elisa dice soñadora:

—A mí me gustan las obras serias y románticas... de mucho amor...

—Pues a mí los melodramas en que hay mucho enredo y hay golfillos que después resultan hijos de marqueses.

—Pues a mí—dice la Emilia—me gustan las obras alegres en que se ríe una... Sobre todo los teatros nuevos donde va mucha gente... porque un teatro sin público, es muy aburrido...

Sí—pienso yo—un teatro sin público, en que se sienta frío, es como una iglesia, y el alma de las cortesanas pingües y jocundas como mi amiga Emilia, de las cortesanas ávidas del placer y novedad, huye de los templos donde se canoniza el recuerdo, y ama el bullicio y la promiscuidad.

—¿Qué miras? ¿Estoy bien?—me dice la Emilia.

—Sí—le digo yo, contemplando su carnal opulencia——. Estás muy bien; siempre lo estás para mis ojos. Eres la hortensia pomposa de una noche de verano. Evocas siempre agosto... el mes en que te conocí. Eres madura y dorada como él...

—Vaya, ya estás poetizando... Yo soy la hortensia... y esta el lirio ¿verdad?—y señala a Elisa.

—Eso es—respondo yo——. Elisa es el lirio, alto y fino, que se yergue como una espada... la novia de los primeros amores, el pierrot enlutado de Carnaval...

La Antonia, modesta, no me pregunta nada; ella es la eterna muchacha pobre y desgraciada, la protagonista de esos melodramas que prefiere... Y sin embargo, su carne tiene blancuras llagadas de azucena...

Ya están vestidas las tres. La Paca las contempla como yo, embelesada, y las aplaude:

—¡Qué bien están mis señoritas!

Ellas, de pie, se miran todavía al espejo, y dirían que aletean ante la gran luna. Luego un momento se me muestran inmóviles, mirándose en mis ojos.

—¡Muy bien!—exclamo, con las manos sobre la mesa como sobre el antepecho de un palco. Su alegría vuelve a mi alma como mi verdadera fiesta. ¡Qué cosa tan temeraria y tierna es una mujer ataviada! Ahora ellas iran a buscar al "Poderoso" y su novia y todos juntos iran al teatro, ingenuos y confiados en una gran alegría acaso defraudada, mientras yo, solo por las calles oscuras, iré rogándole a la suerte por estas tres mujeres que, en su atavío, tienen, como todas, algo de lamentable.

¡Oh, es dulce proporcionar una alegría a las cortesanas y ver brillar una sonrisa en sus caritas tristes! Es dulce importunar por ellas a los amigos y pedirles esos papelitos mágicos que abren las puertas de los edenes teatrales y hacer antesala en las contadurías, encorvándose ante las taquillas como si pidiéramos un bono de pan, para que unas pobres mujeres de la calle puedan luego sonreir embelesadas en el rojo trono de un palco.

* * *

Mi amiga Emilia fué al teatro con sus amigas la Antonia, la Elisa y algunos amigos entre ellos el "Poderoso", misterioso personaje, torero o chauffer, que ellas invocan como un texto infalible y del que hablan con un gran respeto. Fueron a un palco, ofrenda mía, del amigo desencantado que, incapaz ya de saborear esos manjares suculentos, se hace como un lebrel cazador para saciar la patética voracidad de novedades de las cortesanas. Mi amiga Emilia me decía siempre; "—¿Cuándo me vas a traer entradas para un teatro?"—. Estaba ansiosa de mostrarse en la fulgencia de un palco con sus amigas, de lucir entre ellas sus sortijas falsas y la efímera elegancia de un traje a la moda... y yo, importunando a mis amigos de la prensa, le proporcioné ese gusto ingenuo. Y le llevé un palco para que viese una obra nueva, pues nada antiguo es grato a las cortesanas cuya alma, infiel al primer amor, abandona los templos del pasado y se lanza como loca a todos los lugares en que una novedad brillante se exhibe; ese drama patético, cuya protagonista es una Dama de las Camelias pobre, una mujer como ellas, exaltada desde el arroyo a los altares del arte por la caridad de un poeta, una ramera abnegada y heroica que se suicida, ciñéndose al cuello un collar de mortales rubíes por asegurar la felicidad de su amado, un artista bohemio. Yo quería saber la impresión que en mis amigas habría hecho ese drama fuerte y piadoso, escrito para ellas, y fuí al día siguiente a interrogarlas. Estábamos en una salita muy semejante a la que representaba el escenario en un pasaje de la obra, y yo, entre aquellas mujeres pecadoras y santas, ligeras de ropa, era grave y casto como uno de los bohemios del drama.

—¿Y qué, amiga Emilia, os gustó la obra?—pregunto.

Emilia, de bruces sobre la mesa, vestida aún del blancor de los manteles, emergiendo morena y dorada, de entre un rimero de frutas y con el halo estival de la lámpara eléctrica sobre sus cabellos, responde:

—¡Oh sí, mucho! ¡Qué obra tan bonita! ¡Nos ha gustado mucho! ¡Chico, esa es la vida, la realidad! ¡Hay que ver qué cosas dice! (Habla de la obra como de una persona.) ¡Y qué verdad es todo eso! ¡A nosotras se nos saltaban las lágrimas! ¡Que te digan estas!

La Antonia, asiente:

—¡Es verdad, yo lloraba! Está muy bien traída, y aunque yo no entiendo de esas cosas, comprendo que es una gran obra, y que su autor tiene mucho talento.

—Bueno; pero vamos a ver ¿qué es lo que más os gustó? ¿Qué os conmovía más? ¿Por qué llorabais?

La Emilia exclama:

—Ya estás tú con tus preguntas. Todo, hombre, nos gustó todo: sólo que no te lo podemos explicar, porque no entendemos. Eso quien te lo podría decir, sería el "Poderoso", que es muy leído... El "Poderoso" decía que es una gran obra, y que todo lo que sale en ella es la verdad pura... y eso sí es cierto...

La Antonia ingenua, añade:

—Como que dicen que el que la ha escrito ha vivido esta vida, y que todo lo que en ella sale ha sucedido...

La Elisa, fina, esbelta, como la novia de los primeros amores, que ha sido amada por artistas jóvenes entre las violetas y el champán de las noches venturosas, rectifica:

—Todo, no, mujer, siempre varían algo ¿verdad? toman una idea y luego la arreglan.

Yo asiento e insisto:

—Bueno, ¿pero que fué lo que más os gustó? Decídmelo.

Espero oirles exaltar la tendencia de la obra que es una apología misericordiosa de las rameras pobres, canonizadas en la figura de la protagonista, algo así como el oficio parvo de las cortesanas. Espero verlas llorar todavía de emoción y gratitud ante las bellas cosas, llenas de unción y de piedad que el poeta hace decir a sus bohemios, y ante la generosa audacia con que proclama santa a su heroína contra toda la moral burguesa que llena la sala. Pero mis amigas callan. Al cabo de un rato, la Emilia dice:

—Pero hombre, yo no sé decirte... Eso el "Poderoso"... A mí todas esas cosas tan bonitas que dice la obra, se me olvidan en seguida... No tengo memoria... Además, ya sabes que yo no soy novelera... A veces, me parecía que te estaba oyendo a ti...

La Antonia y la Elisa corroboran:

—Sí, es verdad: parecías uno de aquellos poetas... Hablaban como tú... Tú conocerás al autor ¿verdad? Será como tú de bueno...

—Sí—afirmo yo—. Alfonso es mi amigo... Es bueno y humilde. Su corazón es como un sol visible que brilla y calienta. Os ama a vosotras, como yo mismo; conoce el valor de una sonrisa en una cara triste, y él me dió el palco para que fuérais a ver a su santa. Pero, decidme:

—¿Qué os gustó más de la obra? ¿Nada recordáis?

La Emilia se exaspera:

—¡Qué pesado te pones, hombre!... ¿No te digo que no me acuerdo?... Eso el "Poderoso'...

Yo insisto:

—¿Pero no te emocionó el final, cuando Ella se suicida para que el pintor pueda casarse con la novia rica?

La Antonia exclama, gozosa de recordar:

—Sí, eso; que dice el poeta que la ha visto con un collar de rubíes al cuello... vamos que se ha degollado...

La Elisa, con un temblor, murmura:

—A mí eso me hacía mala impresión. Si no hubiera sabido que era mentira...

La Emilia asiente:

—¡Claro que era mentira! Por eso a mí no me hacía tanta impresión. (De pronto como inspirada.) ¿Sabes lo que más me gustó a mí? ¡Eso es lo mejor de la obra! Lo que dice contra la mala justicia, cuando el poeta va al juzgado y dice aquellas cosas tan bien dichas. Eso es lo mejor, para mí y el "Poderoso" decía lo mismo... Es una sátira contra la mala justicia y tiene mucha razón... porque hay que ver, no sirve más que para atropellarnos a nosotras...

Habla por sus labios la antigua querella de las cortesanas expoliadas y vejadas; la antigua queja de una casta infamada y oprimida y encerrada en ghetos inmundos. Dejando aparte todas las reivindicaciones líricas del corazón de la cortesana, elevado por el poeta a la altura gloriosa de un corazón sagrado, ella, mujer del arroyo, perseguida por los agentes, que ha dormido más de una vez sobre los suelos de las comisarías, sólo recoge del drama romántico esa nota social que halaga el despecho de su alma sedienta de justicia.)

—Ya ves lo que hacen con nosotras... Nos detienen, nos quieren sacar el dinero, nos persiguen como si no tuviéramos derecho a la vida... ¿Está eso bien? ¿Es que no podemos andar por la calle como las demás mujeres?

Las amigas le hacen coro:

—Sí, eso está muy bien... Es lo mejor de la obra...

La Emilia insiste:

—Ya ves lo que dice de ese pobre chico que murió en la cárcel abandonado, con calenturas... El "Poderoso" dice que eso fué un crimen... Y decía el "Poderoso" que está bien que se escriban estas obras, porque él sabe, que lo ha oído contar, que la otra noche detuvieron los agentes a una mujer y la llevaron al juez de guardia; la mujer le pidió al juez llorando que la soltara, que era la primera vez que salía a la calle y que lo había hecho porque tenía un niñito enfermo, y que el niño estaba solo en la casa, y que si no la dejaba ir a cuidarlo, se moriría... Y fué el juez y acordándose de aquel niño que se murió en la cárcel abandonado—, porque el juez había visto la obra—soltó a la mujer y le dió dinero para que llevase medicamentos al niño... ¡ya ves!

La Antonia y la Elisa unánimes exclaman:

—Sí, es verdad, que lo ha contado el "Poderoso."

La Emilia agrega:

—Yo lo cuento muy mal. Hay que oírselo contar al "Poderoso." A mí se me saltaban las lágrimas.

Llenos de llanto tiene ahora también los ojos. Esas lágrimas proclaman la gran sed de justicia que padece el corazón de las rameras. De toda esa obra, apología ingenua y exaltada de la cortesana, la Emilia y sus amigas, hermanas de la heroína canonizada, dejando aparte ese nimbo de santidad, acaso puramente lírico, diadema excesiva sobre sus pobres frentes de pecadoras, sólo recogen la nota social y humana, el grito que demanda justicia, el gran alarido de amor. Sus almas ingenuas sólo ese halago han sentido en esa obra que las diviniza. Acaso encuentran inverosímil la figura de la protagonista. Ellas sólo ven la verdad y la grandeza de la obra en esa demanda de justicia, que se apoya en el tremendo testimonio del cadáver de un niño.

Yo, enternecido, contemplo a la Emilia que se enjuga los ojos, y murmuro:

—Está bien, Emilia, está bien. Eso es lo más hermoso de la obra.

La Emilia:

—Ya te he dicho que no entiendo; pero el "Poderoso" decía lo mismo... Y ya ves, quizá por esa obra se haya salvado un niño.

Así las cortesanas dotan de moraleja inesperada a una obra que para muchos será una apología del vicio.

* * *

En la noche, a la hora en que mi amiga Emilia está en el café, me gusta ir a verla al través de los visillos, para admirar, sin que ella lo sepa, ni sus jóvenes amigas tampoco, su espléndida madurez de cortesana. Tiene razón ella cuando afirma que está ya cansada: se adivina en la amplitud con que se sienta en los divanes, en la sonrisa de júbilo extático con que se empereza oyendo la música, entre sus amigas, con los brazos y el pecho magnífico apoyado sobre el mármol de la mesa, como si el corsé fuera ya un cáliz insuficiente para contenerlo. El pelo oscuro le cae como una unción sobre la frente morena, formándole un penacho al mismo tiempo fiero y dulce; la sonrisa abre hoyuelos en sus mejillas; y sus ojos se adormecen con una expresión tan vaga y risueña como la de sus labios. A veces habla, y yo la veo gesticular con sus manos en que brillan sortijas y que lanzan reflejos metálicos como de nimios y romos puñales.

¿Con quién habla? Son hombres desconocidos, borrosos y vulgares que se dirigen más bien a sus jóvenes amigas, incapaces de apreciar la esplendidez de su ocaso dorado. Pero alguna vez es también un jovencito fino y pálido, como yo en otro tiempo, de aire de estudiante o de poeta acaso, pues todo joven parece algo poeta; y entonces yo me sobresalto, pues un joven sí podría sentir la seducción de su madurez, y rendirse al iman de su carne ambarina. Entonces sólo su venalidad me consuela, pues famosa es la pobreza del joven. Pero por lo general la vencen sus amigas jóvenes, y ella no parece sentirlo, pues su alma madura y cansada diríase que se inclina ya al celestineo de todo lo caduco y que más bien se alegra de tener a su lado esos cuerpos juveniles que la defiendan, esbeltos y finos como esas lanzas verdes tras la que primavera se ampara.

Desde mi observatorio, yo la miro con avidez, saboreando su pingüe y matronal hechizo. Es glorioso el modo como llena los asientos; las sillas, los divanes conviértense en tronos bajo sus amplios muslos. Es regia y pontifical: y ahora más que nunca sería grato—ahora que tiene las manos enjoyadas—descalzar sus pies, breves y prietos como dos racimos, y sentirse pobre, de hinojos ante su hermosura. Yo la veo desnuda, como en el espejo de su casa armada tan sólo de la virginidad inmaculada de su camisa limpia, y pienso que sería hermoso recibirla de sus manos, como una ofrenda desde lo alto de un lecho.

¡Oh, si yo me atreviera a iniciar una noche antigua! ¿Por qué no llegar y sentarme descaradamente en su mesa, poniendo en ella mis manos como en la de su casa? Pero no; sus jóvenes amigas me intimidan; ¡es tan terrible la juventud!—los arcángeles son jóvenes—y además ella misma, que podría decirme con voz acre y dura o risueña y burlona —¿A qué vienes, hombre? ¿No tienes bastante con ir a casa a verme mudar de camisa? Déjanos ahora, que tenemos que ganar...

Y yo, temeroso de esa repulsa, comprendiendo que soy sólo el amigo antiguo, renuncio a la soñada audacia, y me limito a contemplarla desde lejos, glorificándome en su opulencia y sintiendo vagamente que uno de mis sueños se realiza en ella. Hasta que al fin se me cansan los ojos de mirar, y la veo como al través de un llanto. Después de todo—pienso—es bastante que ella esté ahí y que yo pueda contemplar ese glorioso vestigio de mi juventud, esa belleza cansada contemporánea de mi ilusión; todas las mujeres de aquel tiempo, todas las que para mí se desnudaron como para un novio, han desaparecido o se han hecho otras hasta el punto de no ser ya conocidas; a lo largo de las calles sólo veo caras nuevas, y no hay ya ninguna mujer sino esta, con la que yo pueda evocar una leyenda juvenil; ni otra casa sino la suya, en la cual pueda entrar y sentarme como un amigo...

Y resignado me alejo de los cristales, y paseo a lo largo de las calles, donde ya no encuentro amigos de mi edad, pues también los amigos se renuevan como las cortesanas, y no hay nadie ya tan romántico como yo que rinda culto al pasado en la figura de una amiga caduca y vaya a contemplarla desde lejos, como si fuese un ídolo. Ahora mi ilusión es verla en su esquina, en la esquina que ella ha contribuído a desgastar con su espalda y como a impregnar con su sudor, pues de día he visto la piedra empañada como un sudario—la esquina en que tantas veces ella me detuvo al pasar. Pero para eso es necesario aguardar a que se cierren los cafés y ella se vea obligada a salir de su tibio retiro. Y yo paseo, en tanto, rozando los muros, para resguardarme del rocío que daña a las criaturas que ya no pueden abrirse como rosas.

Al fin sale ella, arrebujada en su chal, lenta y dulce entre sus jóvenes amigas. Unos hombres que las acompañaban se despiden. Y quedan solas, y lentamente pónense a pasear por el asfalto, exhibiéndose como esos maniquíes de cera que hay en los escaparates iluminados y herméticos. Mi amiga Emilia se rezaga pronto, hasta quedarse sola, y entonces yo la veo dirigirse, con el bolso en la mano—trofeo de la venalidad—hacia su esquina predilecta, donde otras amigas la aguardan.

Entonces yo surjo, inesperado.

—¡Emilia!

—¿Tú a estas horas?

—Sí, Emilia; vengo a verte aquí, en tu esquina, para recordar tiempos antiguos.

—¡Ya me ves en casa!—dice ella—. ¿Cuándo vas a ir? ¿Qué me vas a llevar? ¿Entradas de teatro?

—Sí, lo que quieras, Emilia. Pero ¿por qué no recordamos esta noche episodios de nuestra juventud? ¿Por qué no vamos a esas casas donde hay en las alcobas macetas verdes como pájaros tropicales?

—¿Y para qué, hombre? ¿No vas a verme a mi casa? ¿Qué más quieres?

—Emilia—digo yo, venciendo milagrosamente mi timidez—. En tu casa están tus amigas, y la Paca. Ni siquiera podemos hablar con libertad; no me atrevo ni a besarte en un hombro. Quisiera verte sola, desnudarte...

—¿Tienes mucho dinero?—dice ella, irónica.

—Emilia—suspiro yo—; ¡qué interesada eres! No estimas mis obsequios. No aprecias el verme llegar a tu casa, presuroso por llevarte algo. Por mí tienes billetes de Prensa para ver los estrenos y en los días pascuales bebes un vino más generoso que tu...

—Sí, yo te agradezco todo eso—responde ella, serena como una balanza—y la prueba es que te recibo en mi casa. Tú eres el único hombre que entra allí a no ser el padre de la Elisa, cuando viene del pueblo; y eso porque eres un amigo antiguo. Estás allí con nosotras y nos ves en camisa. ¿Qué más quieres?

—Sí—suspiro yo—, pero no podemos estar solos. Si tuvieras al menos un cuartito aparte, ¡un locutorio! Quisiera estar contigo a solas, poder poner mi barba sobre tus rodillas...

Ella sonríe halagada:

—¿Y por qué no lo haces allí?

—Emilia, porque temo parecer ridículo. No soy ya un joven... ni tú tampoco, Emilia...

—Es verdad—suspira ella. Y añade como enternecida—. Bueno; pues aguarda, a ver si arreglo las cosas, y puedo poner una casa como yo quiero —confidencial—. Mira, yo ya estoy cansada de esta vida; ya ves que apenas si miro a los hombres. Si se me arreglan las cosas, tomaré otra casa, mayor que la que ahora tengo, la alhajaré como es debido, y entonces tendré un cuartito para mí... Y te recibiré en él. Yo seré el ama, un ama verdadera, que tendrá mujeres y muchas camas, y no tendré que hacer nada... y podré perder el tiempo contigo...

—¡Eso es!—digo yo, inspirado—. Estarás siempre sentada en una silla, con un llavero colgado a la cintura. Y no tendrás que hacer sino recoger el dinero en tu falda. Y yo iré a verte y me contarás tus cosas, y yo te oiré sin cansarme, más fiel que las amigas, y me arrodillaré a tus pies, y te besaré en las rodillas...

—Bueno, bueno—dice ella entre burlona y halagada—. Pero ahora déjame, que voy a ver dónde andan esas. ¡Adiós! ¡Que me lleves algo!

—Sí—digo yo con unción fervorosa—. ¡Adiós, Emilia!

Tiendo la mano para estrechar la suya, pero ella ya se ha ido, y está en un corro de amigas, defendida por un valladar de cuerpos juveniles.

Y yo, solo, animado de un fervor inútil, me abrocho instintivamente los botones del gabán con un gesto lleno de énfasis como si echara siete sellos sobre mi promesa, y murmuro enternecido:

—Sí, iré a verla, iré a verla. Es dulce ser el amigo antiguo de una cortesana.

* * *

Sí; es dulce ser el amigo antiguo de una cortesana; es dulce subir a su casa en el crepúsculo, a la hora en que otros van a los templos o a sentarse en los paseos públicos, y encontrar allí un rincón amable en que guarecerse del frío y aguardar plácidamente a la primavera, mientras soplan furiosos los vientos de marzo, teniendo delante una clara visión de mujeres ligeras de ropa, que descansan sus pechos casi desnudos como grandes rosas sobre la nieve clemente de los manteles blancos; es dulce ser el amigo antiguo de una cortesana, cuya belleza modula en un oro de ocaso que es una opulencia, y ver como se va colmando la amplitud pingüe de su sotabarba y como sus dedos se llenan de sortijas, y alrededor de ella florecen bellezas mobiliarias de un lujo deseado mucho tiempo, las mecedoras tropicales, el cromo desnudo, la maceta verde que crece en el interior de las habitaciones como un ave tropical domesticada; es dulce todo esto y también escuchar las confidencias de la amiga, sus esperanzas, sus ligeros desánimos, y presenciar sus languideces, cuando, más pálida que de costumbre, tiene una ternura de convalecer.

¿Qué más podría desear yo que vivir en la intimidad de estas tres mujeres, sobre todo de mi amiga Emilia, a la que yo deseo siempre poder contemplar largamente como ahora, en la placidez de estos momentos vesperales, en que a nadie aguarda, sino a mí, en esta su casa, que es como una clausura monacal. ¿Qué más podría desear yo, que ya he perdido la fe en los placeres carnales, y tiemblo a la vista de un semblante nuevo? Aquí, tranquilamente, con mis manos apoyadas sobre la mesa, gozo el placer de contemplar a mi amiga, la última amiga, salvada del naufragio de mi juventud, y que sin pedirme demasiado entusiasmo, me muestra su belleza serena y plácida en el paisaje familiar, complaciéndose en ser acariciada por mis ojos, y prefiriendo al espejo mi cara conocida.

Alguna vez suena la campanilla, y yo me estremezco sobresaltado, pronto a esconderme, a una indicación suya; pero ella me hace una seña tranquilizadora y dice:

—No tengas cuidado; será alguna amiga... Aquí no entra más hombre que tú...

Y la Paca acude a abrir, solícita. Y es con efecto alguna amiga, una vecina que sube a charlar un rato, o a pedir una prenda prestada—pues ya es famoso el guardarropa de la Emilia—, o la ditera, una mujercita menuda, de cara pálida y triste, que entra con paso quedo, y después de saludar a la dueña de la casa, extiende sobre la mesa prendas íntimas e inmaculadas, camisas y pantalones de mujer que por sus dimensiones parecen arreos infantiles, y que resultan conmovedores, sobre todo los últimos, con su tierna cuchillada en el centro.

Nunca hasta ahora he encontrado otro hombre en casa de mi amiga, salvo, como ella me recordaba, cuando estuvo aquí el padre de la Elisa unos días. Entonces yo sentía vagamente rebullirse y toser a alguien en la cocina; y mi amiga me explicaba:

—Es el padre de la Elisa, que ha venido del pueblo a curarse los ojos, y come y duerme aquí.

Lo tenían en la cocina, con la Paca, allí arrumbado como un pavo de Navidad; y la Elisa me pedía entonces cigarrillos para él, e iba a llevárselos; y yo le oía decir:

—Tome usted, padre, que ya está encendido.

Y la Emilia me explicaba:

—El pobre, como está casi ciego, no atina... Lo tenemos aquí, porque como no se entera de nada, cree que es una casa decente...

Pero, aparte el pobre viejo aldeano, ningún hombre he encontrado aquí nunca; y yo gozo envanecido el privilegio de ser el único que tiene acceso a la morada de mi amiga, privilegio acaso deprimente, pues quizá sea un tributo a la sensatez de mi edad no juvenil, pero en todo caso delicioso.

Yo soy el amigo antiguo que ya no despierta codicias ni deseos, al que se recibe con toda intimidad y ante cuyos ojos no hay temor en despojarse del último velo y de la última hipocresía. Así yo he podido admirar la bella voracidad de mi amiga, en todo su goloso esplendor; y he podido sorprenderla también en su más íntimo abandono, y ver las plantas de sus pies descalzos, los días de las grandes abluciones, cuando el agua se lleva la última rosa menstrual.

Ella me dice:

—Tú eres el único hombre que entra aquí.

¡Orgullo de ser su único amigo íntimo! Y sin embargo, a veces, mi corazón desea algo más que esta contemplación serena, alguna forma de caricia efusiva. Enternecido de pronto por alguna circunstancia de su pingüe y cansada belleza, mis manos se tienden a sus brazos desnudos, mientras mis ojos se nublan como los de un borracho.

—Emilia—suspiro—, qué lástima que hayas prosperado....

—¿Por qué?—me pregunta ella asombrada.

Yo suspiro y callo. No me atrevo a decirle la razón, por esos rubores que nos acometen a los hombres de barba erizada. Es que antes, ella más pobre, no obstante ser más joven—seguramente derrochaba el dinero, no ahorraba—, tenía más necesidad de los hombres, y me perseguía y porfiaba por seducirme, mientras que ahora se contenta con mis pequeños agasajos.

—¿Por qué?—repite ella.

Yo aprovecho un instante en que la Antonia y la Elisa se han ido, para decirle:

—¡Porque desde que tienes casa no he probado tu lecho!

E instintivamente lanzo una mirada a la alcoba, cuya puerta entreabierta deja ver el lecho de madera, casi a ras del suelo, el lecho que ella puede escalar sin fatigarse. Ella me dice:

—¡Aquí no puede ser, hombre!

—¿Por qué?—suspiro yo—. ¿No eres el ama?

—Por eso—me responde ella—. Tengo que dar ejemplo... ¿No ves que entonces no me respetarían las muchachas?... Aquí ya ves que no viene ningún hombre.

—Emilia—digo yo de pronto—, no me explico que teniendo tú casa y mujeres que son tus pupilas, no recibas amigos...

Ella me dice muy seria:

—Esta casa es sagrada, porque aquí viene Él y no querría encontrarse con nadie...

Yo callo ante la evocación de ese hombre misterioso e invisible que es el Hombre de mi amiga, el que ella apenas nombra nunca y cuya sombra grave como la del amor llena esta casa. Ella no es más explícita, y yo no me atrevo a interrogarle por temor a dar más realidad a esa sombra.

—Cuando yo pueda ahorrar más—continúa—, tendré otra casa más

grande, en la que él pueda entrar sin que nadie lo vea. Tendré mis habitaciones aparte, y él no tendrá que enterarse de nada.

—Emilia—le digo—. Y yo ¿iré también?

—Sí, hombre—me responde clemente—; tú entrarás como aquí...

La Antonia y la Elisa llegan.

—¿Están de secretillos?—dicen—. ¡Se están haciendo el amor! ¡Como son amiguitos antiguos!

Hay en sus palabras una burla amable que sin saber porqué me hiere. Es que cuanto dice una boca joven es cruel. Pero la Emilia sonríe ufana. Le halaga que las amigas jóvenes sean testigos de que es deseada con el ansia humilde que expresan mis ojos y mi actitud servil ante su belleza madura y anactoria. Siente veleidades de adoración, y recordando homenajes antiguos, dice:

—Le tengo simpatías porque es muy cariñoso—y me acaricia con la mano mórbida los cabellos grises. Yo le cojo la mano y se la beso, con unción.

Ella dice:

—¿Te acuerdas? Antes te gustaba hacerme cosquillas en la nuca. Házmelas...

Quiere ostentarme como un trofeo ante sus amigas; y yo, aun comprendiéndolo, la obedezco servil y solícito. Y acaricio su nuca dorada, mientras ella sonríe con esa placidez de la carne pingüe sobada suavemente.

Pero la Elisa y la Antonia murmuran compasivas:

—Hay que ver el pobre. ¡Cómo te quiere! ¡No abuses de él, Emilia!

Esa piedad de las jóvenes torna a herirme. Sin duda es ya tiernamente grotesco mi rito de adoración, y mi cara expresa el amor con mueca dolorosa, porque no soy ya joven. En otro tiempo, mi cara risueña y loca no hubiera suscitado esta piedad.

Y poco a poco, dejo de acariciar a mi amiga y sobre su nuca mis manos desmayan con vibraciones de sollozo...

Oh, Emilia, quieres humillarme delante de tus amigas jóvenes: no te me entregas generosa, porque soy pobre y no puedo ofrecerte sino obsequios humildes, cuyo valor no sabes apreciar. Pretendes humillarme; jugar con mi pobre ternura y pisarla como se pisa ese león pintado en una alfombra: me dices cosas crueles con una engañosa sonrisa, me recuerdas mi delgadez y mi desvanecida juventud, me das dentera con tu desnudez reflejada en un espejo. De tu casa salgo siempre empobrecido y humillado. ¿Por qué, oh, Emilia subo tus escaleras?

* * *

Desilusionado de esas visitas en que uno, con las manos sobre la mesa, entre mujeres jóvenes y ligeras de ropa no es más que un espejo, renuncio muchas tardes a subir a casa de mi amiga Emilia, y prefiero vagar por las calles, o subir a otras casas, donde me aguardan amigos de mi edad, hombres al lado de los cuales no me siento vejado pues sus caras borrosas son fiel trasunto de la mía, o entrar y sentarme en esos rincones de café, donde con las manos sobre la mesa, puedo ver también mujeres hermosas y descotadas. Sin embargo, tengo la nostalgia de mi amiga antigua, que me recuerda una noche gloriosa de mi juventud, una noche que va ya teniendo el prestigio remoto de una leyenda. Ella es la única amiga de aquellos tiempos y su figura dorada y pingüe se yergue sobre un cúmulo de ruinas, en el páramo de mi existencia actual.

Aquí en este rincón de café donde estoy, como una momia entre cristales, ante un bock de cerveza, viendo entrar y salir a mujeres jóvenes y hermosas, no hay ninguna que llegue a mí y golpee con su mano cargadas de sortijas el mármol de la mesa como el borde de un sepulcro, para despertarme de mi sueño, rejuvenecido por una voz cordial. Y yo me acuerdo de mi amiga. Siquiera en su casa estoy entre mujeres medio desnudas que me dejan ver su carne rosada, esa carne de mujer, siempre matinal y gozosa, y puedo admirar largamente la opulenta hermosura de mi amiga, cada día más colmada, y presenciar ese trueque de camisas, cuya contemplación es un privilegio de las doncellas en los poemas, un privilegio que les envidian los pajes, no menos que ellas hermosos.

¿Qué más puede desear ya mi sensualidad adormecida? ¿No debe bastarme presenciar ese misterio que se realiza en el crepúsculo vesperal como reservas eucarísticas? ¿Ver cambiar de camisa a una mujer hermosa no es suficiente fiesta para una sensualidad romántica como la mía? ¿No es notable además que una cortesana sea la que ahora me inicie en esas prácticas del amor contemplativo y místico? Y sin embargo yo no he sabido agradecer la fineza de mi amiga, y hace ya muchas tardes que no voy a verla, que no asisto como un acólito al trueque de sus cendales íntimos: yo, tan refinado y exquisito, según me creo, no soy capaz de apreciar ese místico deleite y me considero ofendido porque mi amiga me veda una posesión más material, y me aflijo de creerme en ridículo ante sus amigas, como si no fuera dulce y glorioso ser una cosa grotesca y basta un sapo repulsivo, a los pies de una mujer hermosa... Y como para marcar mi disgusto, cual un hombre vulgar que quiere castigar los púdicos desdenes de una novia, me alejo de mi amiga y vengo mi deseo de subir sus escaleras...

¿Cuánto tiempo hace ya que no la veo? Mucho, mucho tiempo, pues en vano he atisbado por las ventanas de su café predilecto y he rondado la que en otro tiempo fué su esquina, y donde la huella de su espalda perdura como en un traje. Y de pronto siento un ansia casi llorosa de verla, de afirmar una vez más mi prerrogativa de entrar en esa casa, semejante a una monjil clausura, donde no penetra otro hombre que yo y encontrarme entre mis amigas, viejo, grotesco, ¡qué importa!

Y si ella, el ama, la señora, me pide que le bese los pies arrodillado, delante de sus amigas, se los besaré, pues sus pies de cortesana son ya como los de un pontífice. ¿Y no hay un placer en humillarse públicamente ante una mujer hermosa? Yo haré del cambio de camisa un rito, yo le disputaré esa prenda íntima a la Paca, y cada tarde se la vestiré a mi amiga como una virginidad; y estaré lleno de unción, como el acólito que ayuda a vestir al sacerdote, pues esa camisa de cortesana es blanca como el alba litúrgica, símbolo de la locura del gran amor de Cristo... Yo si las amigas jóvenes se ríen o apiadan de mi capricho, reputándolo senil, ¡qué importa! ¿no será su piedad o su burla una fuente de placer para mi sensualidad adormecida?

Decidido, me levanto. Salgo del café y me encamino a casa de mi amiga. Voy recordando además sus dulces palabras de una noche:

—Cuando yo tenga arreglada del todo mi casa, tendré habitaciones aparte para mí, y te recibiré en ellas, y estaremos solos, y podrás besarme las rodillas.

¿Quién sabe si en este tiempo habrá ella realizado su ambición? Su ausencia de la calle y del café, ¿no es un indicio de prosperidad? Sí, acaso ella ahora está sentada en un estrado, ociosa y magnífica, ante un gran brasero, esperando que yo, su antiguo amigo, vaya a visitarla...

Y estimulado por ese pensamiento, avivo el paso. Y ya estoy ante la puerta, y presuroso e impaciente, subo las escaleras que crujen. Pero ya arriba, oigo desde fuera un alegre rumor de voces que me intimida, pues predomina en ellas el timbre ronco de las gargantas viriles. Llamo sin embargo, y sale a abrirme la Paca. La buena mujer da muestras de turbación, y me ruega que espere, mientras va allá dentro y cuchichea un instante. Y sale la Emilia, y me mira, como asombrada y perpleja, y se pasa una mano por la frente sonriendo. Luego me dice:

—Pasa por aquí—y me lleva a una alcoba decorada con un lujo llamativo, con una gran profusión de azul y rojo, y en la que hay un gran lecho, vestido como una novia. Y me indica una silla para que me siente y ella queda en pie, ante mí, esperando.

—¿Me traes entradas?

Yo hago un gesto triste.

—¿Siempre venal conmigo, Emilia?

Ella sonríe.

—Bueno, ¿qué quieres?

—Emilia—suspiro yo con una ternura acaso grotesca, con la humilde alegría de encontrarme solo con ella, en una alcoba donde hay un lecho vestido como una novia que espera—. ¡Ven acá, Emilia!

Y tiendo mis manos hacia ella pretendiendo ceñir sus rodillas.

—Emilia, has prosperado; has ampliado tu casa; tienes mujeres nuevas, pues oigo allá dentro voces desconocidas, ¿por qué no te sientas aquí ahora conmigo?

Ella muy seria me dice:

—No seas pesado, hombre; cuando no me siento, es porque no puede ser; no tengo tiempo; ¿no ves que ahí dentro hay amigos? Tengo que estar yo allí, para atenderlos, y hacer que descorchen botellas. ¿No ves como me llaman?

La llaman, en efecto, voces de hombres ebrios.

—¡Emilia! ¡Emilia!

Y ella contesta con su voz de contralto, cálida y gloriosa:

—Ya voy—. Y añade, mirándome apiadada—. Ya ves; tengo que ir...

Yo me levanto.

—¡Emilia!—suspiro—. Estás más hermosa que nunca; la prosperidad te ha embellecido; mis dos manos no abarcarían tus muslos; ahora sería dulce besarte en los pies. ¿Cuándo quieres que venga? ¿No estarás sola en la madrugada?

Ella hace un gesto enormemente altivo:

—¡Ca! A esa hora estoy con mi hombre.

Una súbita curiosidad me acomete:

—¡Emilia! ¿Quién es tu hombre? No podrá quererte más que yo.

Ella sonríe.

—Vivimos juntos hace veinte años... y por nada del mundo le menoscabaría... Ahora he tomado para nosotros el piso de al lado, a fin de que no se encuentre aquí con ningún hombre...

—¿Pero quién es, Emilia? ¿Es joven, guapo?

Ella me dice con el gesto de clavar ante mí una lanza:

—¡Es el "Poderoso", hombre! ¿no lo sabías? Pues ya lo sabes. Tiene tu edad; y ahora no vale nada porque está cojo; cuando yo le conocí era torero; empezaba entonces, y ya tenía cartel; pero tuvo la desgracia de que le cogiese un toro y tuvieron que amputarle una pierna... Yo no quise abandonarlo, y desde entonces vive conmigo... ¡Bueno, adiós, que me llaman! ¡O si quieres, estate aquí!

—No, me voy—digo, triste.

Ella me acompaña hasta la puerta. Ya allí la miro, con una ternura inefable, y me inclino y la beso en los cabellos, suspirando. El rumor de mi beso sollozante se pierde entre el ruido alegre de la orgía. Un fonógrafo ha empezado a cantar

—Emilia, tienes un fonógrafo. ¡Qué noches tan gratas hubiéramos podido pasar!—Y de pronto, sin poderme contener, exclamo:

—¡Emilia! ¡Qué pena que hayas prosperado! Practicas la trata de blancas, y echas de tu casa a los amigos antiguos.

Ella sonríe y me empuja suavemente.

—¡No seas coplero; adiós!

Y como por rutina, añade:

—Ven cuando quieras.

Yo bajo la escalera, tambaleándome, despedido por la algarabía gangosa del fonógrafo. Hasta mí creo que llega el eco de una voz que dice:

—Es un antiguo amigo de la Emilia, que está enamorado de ella...

Alguien pregunta:

—¿Algún viejo?

Y me parece que se ríen todos y que la Paca, siempre piadosa, echa sobre mis hombros ese chal que echaba antaño sobre las rameras detenidas, diciendo:

—¡Viejo, no, que todavía es un señorito joven!...

Salgo a la calle, con la sensación del fin de una leyenda. En adelante ya no tendré una amiga antigua a quien llevarle entradas de teatro, botellas de vino generoso y almanaques... una amiga lo bastante pobre para agradecerme todo eso... De pronto alzo los ojos al cielo: una nube sútil vela la madurez dorada de la luna, y me recuerda la camisa de mi amiga Emilia resbalando por su pingüe cuerpo... Y entonces siento la gran nostalgia de los días perdidos y lloro... De una amiga de mi juventud, solo queda ya esa nube sobre la luna, y una mancha oscura en una piedra...

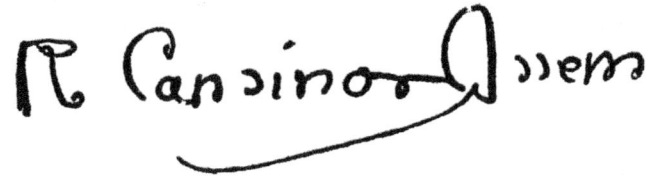

PRENSA POPULAR. - Calve Ascensio, 1. - Madrid. - Apartado 8.002.

LA NOVELA TEATRAL

Sumario de obras publicadas en LA NOVELA TEATRAL

Galdós.-49. Electra. 53. Doña Perfecta.-58 La loca de la casa.-62. Realidad.-82. La de San Quintín. - ** Sor Simona.

Benavente. - 9. Todos somos unos.-102. La copa encantada. - 107. El marido de su viuda. - 229. Más fuerte que el amor - 239. La princesa Bebé. -233. El dragón de fuego.-259. La ciudad alegre y confiada. -261. La gata de Angora. - 263. La losa de los sueños.

Quintero. -66. Doña Clarines. - 71. El patio. 75. La escondida senda.-58 El niño prodigio.-**Pepita Reyes.-256. El centenario. 257. La zagala. - 284. El género ínfimo.

Guimerá. - 113. María Rosa. - 114. Tierra baja. - 196. Agua que corre.

Linares Rivas.-16. El cardenal.-99. La cizaña.-101 Bodas de plata. 241. Cristobalón.- 246. Toninadas. - 250. Flor de los pazos, - 287. Sangre roja. 292. La razón de la sinrazón... - 296. Añoranzas.

Martínez Sierra. 29. Primavera en otoño. **El ama de la casa.

Tamayo y Baus. -136. Un drama nuevo.-209. La bola de nieve. 186. Lances de honor.-149. La locura de amor.-177. Lo positivo. 214. Virginia.

Dicenta. 6. El lobo. - 14. Sobrevivirse.- 24. El señor Feudal.-30.El crimen de ayer.-60. Daniel.- 69.Amor de artistas. 77. Aurora.- 92. Luciano. **Juan José.

Zorrilla - 188 El alcalde Ronquillo. - 130. El Zapatero y el Rey.-131. Sancho García.-148. El puñal del Godo.-171. La mejor razón la espada. 234. El Zapatero y el Rey (1.ª parte).

Villaespesa.-10. El Rey galaor. - 23. Aben Humeya.-37. Doña María de Padilla.- 65. La leona de Castilla.-217. El Halconero. -** El Alcázar de las Perlas.-28. La Gioconda.-354. La maja de joya.

Marquina. - 184. En Flandes se ha puesto el sol.-182. Doña María la Brava.- 201.El retablo de Agrellano.-222.Las hijas del Cid.-195.El Rey trovador.

Ramos Carrión. - 84. El noveno mandamiento.-88.La tempestad. 95. La Bruja.-155.- La muela del juicio.-104. El bigote rubio. - 106. Los sobrinos del capitán Grant. - 179. Mi cara mitad.-213. Los señoritos.-213.La criatura.-90. La Marsellesa. -271. Agua, azucarillos y aguardiente.

Vital Aza. -32 Francfort. - 33. La Rebotica. - 36. Ciencias exactas. -39. La Praviana. - 45. Parada y fonda. -61 Tiquis Miquis. -63.La sala de armas. -87. Las codornices. -137 El sueño dorado. -123.El matrimonio interino -225. Llovido del cielo -187 El señor cura. -136. El sombrero

de copa.-119.Que la mitad a otra parte.-181.El añorado.-188.Perecito.

Ramos Carrión-Vital Aza.-147. El señor gobernador. - 119. Zaragüeta. -183. Robo en despoblado.-151. El padron municipal. - 110. El oso muerto.-132.La ocasion la pintan calva.-118 El rey que rabió.

Echegaray (Miguel). -44. La viejecita. - 50 Gigantes y cabezudos. 76. El dúo de la Africana. 91. La Rabalera. - 115. Los demonios en el cuerpo. - 178. La Credencial. - 163. Los Hugonotes. - 120. Entre parientes. -111. El octavo, no mentir. -303 Juegos malabares. -305 Meterse a redentor.-307. La monja descalza.

Arniches.-2.La sobrina del cura.-11. La casa de Quirós -19.Las estrellas. -20. Doloretes. -21. La señorita de Trévelez. - 43. La gentuza. -67. La noche de Reyes. -282. La chica del gato. - 283. La heroica Villa.-285. Es mi hombre. 286. La pobre niña.-289. Los caciques. -298. La hora mala. -302 ¡Que viene mi marido!

Arniches-García Alvarez. - 15. Alma de Dios. -17.El pobre Valbuena. - 70. El terrible Perez.- 78.El fresco de Goya. - 83. El método Górritz. 87. El cuarteto Pons.-97. Mi papá.-124. El pollo Tejada.-128.El perro chico.-105. Gente menuda.-122. El príncipe Casto.

García Alvarez-Muñoz Seca. - 8.El verdugo de Sevilla.-12.Fúcar XXI.-34.La frescura de Lafuente.-56.El último Bravo.-56.Los cuatro Robinsones.-64. Pastor y Borrego.

Muñoz Seca.-270.La plancha de la marquesa.- 273. La verdad de la mentira. - 275. Los pergaminos.- 276 La razón de la locura. - 278. La cartera del muerto. - 280. El Condado de Mairena.-141. La barba de Carrillo.-193. Faustina. 288. Los misterios de Laguardia. 291. El último pecado.

Muñoz Seca-Pérez Fernández. - 267. Pepe Conde o el mentir de las estrellas. - 268. La fórmula 3 K3. -73.Trampa y cartón.-27. López de Coria.-187. Los amigos del alma. - 254. Un drama de Calderón. - 260. Martingalas. - 252. Trianerías.-253. La hora del reparto. - 255. El parque de Sevilla.

Paso-Abati.-13. El río de oro.-40. El gran tacaño. -116. La divina Providencia. - 206. Los perros de presa.

Perrín-Palacios.-74. La corte de Faraón. 80. La manta zamorana. - 81. Pedro Giménez. 89. La Generala. 96. Pepe Gallardo. - 100. El Húsar de la guardia. - 142.Enseñanza libre.- 218. Certamen Nacional. - 194. Cuadros disolventes.-150. La tierra del Sol.-225.Las mujeres de don Juan. - 145. El País de las Hadas. - 240. Cinematógrafo Nacional.

COMEDIAS

1. Trata de blancas.-3.El místico.-4.Los semidioses.-5. Las cacatúas.-18.El hombre que asesinó 25. La eterna víctima.-26. Jimmy Samson.-31. El misterio del cuarto amarillo.-35. Primerose.-38. Raffles. -41.Mirandolina.-42.Genio y figura.-47.Petit-Café.-48.Los Noveleros.-54. La Tizona.-55. Miquette y su mamá.-57. Los gemelos.-98. La cena de las burlas.-100. Franz Hallers.-108. La

05. -.85.La tía de Carlos. -.113. Fedora. -.117. El oscuro dominio. - .HH. Los gansos del ca-
pito. - 120. El director general. -.133. ¡Tocino del cielo!-134. Militares y paisanos. -.135. Morirás, y
verás. -.139. Jarabe de pico. 140. Papá Lebonnard.-143. El Revisor. - 144. Blasco Jimeno.-145. El
crimen de la calle de Leganitos. -.146. Lo que ha de ser.-152. Don Francisco de Quevedo. - 153. La
Ciclón. -.156.El amor vela. -.160.La señorita del almacén. -164.El Ladrón. -.166.La pesca del millón.
167. El señor Duque. 169. El gobernador de Urbequieta. - 173. Jettatore. - 180. Situaciones cómi-
cas en el teatro español. -.181. El tenor. -.185. El primer gorro. -.189. La casa de los milagros. - 190.
El duelo. -.192. Los amantes de Teruel. - 198. La Canastilla - 199. Marcela, o ¿a cuál de los tres?
205. La historia del Don Juan Tenorio. -.207. Un negocio de oro. -.208. También la corregidora es
guapa. -.210. Mister Beverley. -.212.La dama de las camelias.-215.Hamlet. -.216. La caracterización
y las morcillas.-220. Los piropos. -.221.El Gavilán. -.224 Esclavitud. -.226. Las vírgenes locas. -.227.
El soldado de San Marcial.-228. Judith. -.230. El pelo de la dehesa. -.231. El corral de la Pacheca.
232. Envejecer.-237 El puesto de antiquités de Baldomero Pagés.-238. Don Gil de las Calzas
verdes.-240. El arte de declamar.-242. Zazá.-243. La casa de la Troya.-244. Juventud de príncipe.
245. El mayor monstruo, los celos -247. Magda.-248. La moza de cántaro. 251. A secreto agravio
secreta venganza.-264 Mi salvador.-269. La tierra.- 272. La República de la broma-279. Ge-
rineldo.-293. Los pollos bien.-299. La clave de sol.-300. Frutería de Frutos.-304. ¡Que no lo sepa
Fernanda!-306. Alfonso XII, 13.-308. Santa Isabel de Ceres.-309. La luna de la sierra.- 310. ¡Si fué
don Juan Andaluz!...-311. Margarita la Tanagra.- 313. Constantino Pla.-315. Mi marido se aburre.
316. El pobre Rico 317. Larrea y Lamata.-318. La caseta de la feria.-320. Melchor, Gaspar y Bal-
tasar.- 321.-La Presidenta.-322. El caudal de los hijos.-323. El cuarto de Gallina.-325. La casa de
Salud.-326. El madrigal de la cumbre.-327. Las mocedades del Cid.-328 El cerdo de Avilés.-329.
La fiebre verde.-330. El hombre de las diez mujeres -331. Alcalá de las diez mujeres.-332. Arsenio
Lupin.-333. La loca aventura.-334. Las superhembras.-335. La extraña aventura de Martín Pe-
quet.-336. Flor de Córdoba.-337. Los malcasados.-338. El segundo marido.-339. El amigo de las
mujeres.-340. El tiempo de las cerezas.-341. Nick Carter.-342. La reconquista.-343. Embruja-
miento.-344. Gloria.-345. Pedro Fierro.-346. Nuestro enemigo. -347. Currito el de las guitarras o
El gordo de Navidad.-348. El desconocido.-349. Las urracas.-351. Amo y criado.-352. El convenio
de Vergara.-353. La otra vida.-355. El examen de maridos.-356. El valiente capitán.-357. Benamor
-358. El Licenciado Vidriera.-359. La hermosa fea.-360. Nuestra novia. 361 El bello Don Diego.362.
La boda. 363. El fin de mundo.-364. La venus de Piedra.-365. Una buena muchacha.

ZARZUELAS

7. Charito la Samaritana.-22. Serafina la Rubiales.-46. La alegría de la huerta.-52 La marcha
de Cádiz -61. El chico del cafetín.-68. Los cadetes de la reina.-72. La Tempranica.-79. El niño
judío.-94. El padrino de «El Nene».-85 La balsa de aceite -96. El señor Joaquín.-127. Tonadillas
españolas-158. Cantables célebres de zarzuelas.-159. Ninón.-161. Los pendientes de la Trini.-
162. Pancho Virondo.-165. La boda de Cayetana.-168. Las Corsarias -170. La Chicharra.-172. El
nido del principal -174. La Madrina.-175. Chistes célebres de comedias -176. La suerte de Salus-
tiano.-184. La tragedia de Laviña -202. La canción del olvido -205. El As.-204. La suerte perra.-
211. Tonadillas españolas (2.ª parte)-236. El Príncipe Carnaval-235 Don Lucas del Cigarral.-
258. La novelera.-202. Matías López - 265. Tonadillas y tonadilleras españolas (3.ª parte.)-266.To-
nadillas y tonadilleras españolas (4.ª parte.)-274. Tonadillas y tonadilleras españolas (5.ª parte.)
277. El chaleco blanco.-281 La Hoja de Parra.-290. El Avapiés.-294 Chiribitas.-295.Tonadillas y
tonadilleras españolas (6.ª parte.)-297. La cartujana. 301 El corto de genio.-312. Arco Iris.-
314. El gran Bajá. 319 Lola Montes 324 Tonadillas y tonadilleras españolas (7.ª parte.)-350. Tonadillas y tonadilleras españolas (8.ª parte.)

Número atrasado: 10 céntimos sobre el precio que marca el ejemplar.
(***) Las obras señaladas con dos asteriscos han sido publicadas en LA NOVELA CORTA.

FLIRT

REVISTA FRIVOLA

FLIRT es la única Revista galante, que por el prestigio de sus co-
laboradores artísticos y literarios, merece ser leída en España.

Dirijase la correspondencia a PRENSA POPULAR.-Madrid, Calvo Asensio, 3. Apartado 8.008

SUSCRIPCIÓN: MADRID, PROVINCIAS Y AMÉ-
RICA, SEMESTRE, 8 PESETAS.-A. O, 15 PESETAS

SE PUBLICA LOS JUEVES   30 cts.

Contracubierta (195 x 137 mm) de la edición original digitalizada al 100%.

← FINALIZA AQUÍ LA REPRODUCCIÓN FACSIMILAR

LISTADO CRONOLÓGICO DE TÍTULOS DE RAFAEL CANSINOS ASSENS
PUBLICADOS DURANTE SU VIDA. NO INCLUYE PÓSTUMOS NI SEGUNDAS EDICIONES

Para comprobar los títulos publicados en la colección
EDICIONES FACSIMILARES DE LA FUNDACIÓN CANSINOS ASSENS
visite cansinos.com

ORDEN DE PUBLICACIÓN: 1

El candelabro de los siete brazos, 1a. ed., Renacimiento, Madrid, 1914, cubierta y contracubierta de Fernando Marco, rústica, 19x12,5 cm, 288 págs.

ORDEN DE PUBLICACIÓN: 2

El pobre baby, 1a. ed., La Novela de Bolsillo, Madrid, s. f. [1914], ilustraciones de cubierta y de interior Galván, rústica, 15,5 x 11,5 cm, 64 págs.

ORDEN DE PUBLICACIÓN: 3

El manto de la Virgen, 1a. ed., La Novela de Bolsillo, Madrid, s. f. [1915], rústica, 15,5 x 11,5 cm, 64 págs.

ORDEN DE PUBLICACIÓN: 4

La encantadora, 1a. ed., La Novela de Bolsillo, Madrid, s. f. [1915], ilustraciones de cubierta y de interiores Izquierdo Durán, rústica, 15,5 x 11,5 cm, 64 págs.

ORDEN DE PUBLICACIÓN: 5

El sacrificio del más joven, 1a. ed., *La Novela Para Todos*, Madrid, 1916, prólogo titulado "Cansinos Assens" de 4 págs. de M. Menéndez Martín, cubierta con una fotografía de RCA, ilustraciones del interior de "ATeodoro" (otras firmadas "TA"), cosido a grapa, 15,8x11,2 cm

ORDEN DE PUBLICACIÓN: 6

Estética y erotismo de la pena de muerte, Estética y erotismo de la guerra, 1a. ed., Renacimiento, Madrid, 1916, rústica, 19x12,5 cm, 222 págs.

ORDEN DE PUBLICACIÓN: 7

La venus canina, 1a. ed., Los Contemporáneos, Madrid, 1917, ilustraciones de Máximo Ramos, 28x19,5 cm, 16 págs.

ORDEN DE PUBLICACIÓN: 8

La nueva literatura, Los Hermes (1898-1900-1916). Colección de estudios críticos, 1a. ed., Vol. I, V. H. Sanz Calleja, Madrid, s.f. [1917], rústica, 19x12,5 cm, 288 págs.

ORDEN DE PUBLICACIÓN: 9

La nueva literatura, Las Escuelas (1898-1900-1918). Colección de estudios críticos, 1a. ed., Vol. II, V. H. Sanz Calleja, Madrid, s.f. [1917], rústica, 19x12,5 cm, 382 págs.

Orden de publicación: 10
El secreto de la sabiduría, Parábola, 1a. ed., Biblioteca Hispania, Madrid, s.f. [1918], ilustración de cubierta ToyGorri, rústica, 18x11,5 cm, 184 págs.

Orden de publicación: 11
Las cuatro gracias, Narraciones de amor, 1a. ed., Mundo Latino, Madrid, s.f. [1918]

Orden de publicación: 12
La que tornó de la muerte, 1a. ed., Imprenta Mesón de Paños, Madrid, 1918, con prólogo de José Más (6 págs.), rústica, 19,5x12,5 cm

Orden de publicación: 13
El divino fracaso, 1a. ed., Biblioteca Nueva, Madrid, s.f. [1919], con una fotografía en cubierta de autor desconocido, rústica, 19,5x12,5 cm, 264 págs.

Orden de publicación: 14
El canto nupcial de los esclavos, 1a. ed., El Cuento Nuevo, Madrid, 1919, numerado de la 241 a la 264, rústica con grapa, 18,5x12 cm, 24 págs.

Orden de publicación: 15
Poetas y prosistas del novecientos, España y América, 1a. ed., Edito-

rial América, Madrid, 1919, rústica, 19x12,5 cm, 320 págs.

Orden de publicación: 16
Las bellezas del Talmud, Antología hebraica, 1a. ed., Editorial América, Madrid, 1919

Orden de publicación: 17
El eterno milagro, Novela estática, 1a. ed., Biblioteca Patria de Obras Premiadas, Madrid, 1919, laureada con el premio Sauzal, rústica, con una foto de autor desconocido en cubierta, 17,5x11 cm, 144 págs.

Orden de publicación: 18
La madona del carrusel, 1a. ed., Mundo Latino, Madrid, 1919, cubierta de Ochoa, con una bibliografía en la pág. 4, 19,5x12,5 cm, 280 págs.

Orden de publicación: 19
España y los judíos españoles, El retorno del Éxodo, 1a. ed., Casa Editorial Monclús, Tortosa, 1919, abre con un poema de Juan Soca dedicado a RCA, rústica, 19x12,5 cm, 288 págs.

Orden de publicación: 20
Salomé en la literatura, Flaubert, Wilde, Mallarmé, Eugenio de Castro, Apollinaire, 1a. ed., Editorial América, Madrid, 1920, con una introducción de RCA "Salomé en la literatura (estudio exegético)" (100 págs), tra-

ducciones de los textos literarios de R. Cansinos-Assens, rústica, 19x12,5 cm, 256 págs.

ORDEN DE PUBLICACIÓN: 21
La santa niña Catalina, Poema dialogado en ocho episodios, 1a. ed., Biblioteca Patria de Obras Premiadas, Madrid, 1920, laureada con el premio Santina Rovera, rústica, 17,5x11 cm, 144 págs.

ORDEN DE PUBLICACIÓN: 22
En la tierra florida, 1a. ed., Mundo Latino, Madrid, 1920, ilustración en cubierta no identificada, con una bibliografía de RCA en la pág. 2, también incluye al final 16 págs. fuera de numeración con un "Extracto del catálogo general" de Mundo Latino, rústica, 19,5x12,5 cm, 224 págs.

ORDEN DE PUBLICACIÓN: 23
La Dorada, 1a. ed., La Novela Corta, Madrid, 1921, con fotografía de RCA en la cubierta, cosido a grapa, 19,5x13,5 cm, 32 págs.

ORDEN DE PUBLICACIÓN: 24
Los sobrinos del diablo, 1a. ed., Viuda e Hijos de Sanz Calleja, Madrid, 1921, cubierta de Ramos, rústica, 19x12,5 cm, 208 págs.

ORDEN DE PUBLICACIÓN: 25
La huelga de los poetas, 1a. ed., Mundo Latino, Madrid, 1921, ilustración

de cubierta Juan José, con una bibliografía del autor en la pág. 290, rústica, 19,5x13 cm, 292 págs.

ORDEN DE PUBLICACIÓN: 26
Las pupilas muertas, 1a. ed., La Novela Corta, Madrid, 1921, con una fotografía de RCA en cubierta, cosido con grapa, 19,5x13,5 cm, 16 págs.

ORDEN DE PUBLICACIÓN: 27
Ética y estética de los sexos, Estudios de simbólica sexual, 1a. ed., Editorial América, Madrid, s.f. [1921], rústica, 19x12,5 cm, 288 págs.

ORDEN DE PUBLICACIÓN: 28
La novia escamoteada, 1a. ed., La Novela Semanal, Madrid, 1921, ilustraciones de Máximo Ramos, cosido con grapa, 14,5x11 cm, 64 págs.

ORDEN DE PUBLICACIÓN: 29
El hermano Amor, 1a. ed., Esquemas, Madrid, 1921

ORDEN DE PUBLICACIÓN: 30
El movimiento VP, 1a. ed., Mundo Latino, 1921, 1921, ilustración de cubierta Alberto Díaz, con una bibliografía de RCA (pág. 261), rústica, 19,5x13 cm, 264 págs.

ORDEN DE PUBLICACIÓN: 31
La amada fúnebre, 1a. ed., La Novela Corta, Madrid, 1922, con una fo-

tografía de RCA en cubierta, rústica, 19,5x12,5 cm, 20 págs.

ORDEN DE PUBLICACIÓN: 32
Sevilla en la literatura, Las novelas sevillanas de José Más, 1a. ed., Rivadeneyra, Madrid, 1922, ilustración en cubierta, con una bibliografía en la pág. 109, rústica, 17x12 cm, 112 págs.

ORDEN DE PUBLICACIÓN: 33
La leyenda de Sophy, 1a. ed., La Novela Corta, Madrid, 1922, con una fotografía de RCA en cubierta, cosido con grapa, 19,5x13,5 cm, 20 págs.

ORDEN DE PUBLICACIÓN: 34
La pobre meca, 1a. ed., Biblioteca Patria de Obras Premiadas, Madrid, 1922, obra laureada con el premio Ángela D. de Rovera, con una fotografía de RCA en cubierta, 18,5x11,5, 160 págs.

ORDEN DE PUBLICACIÓN: 35
El fámulo joven, 1a. ed., La Novela Gráfica, Madrid, 1922, con un breve texto de Francisco Lucientes sobre RCA en 2.ª y 3ª de cubierta, ilustraciones de cubierta e interior Puig, cosido con grapa, 15x10,5 cm, 32 págs.

ORDEN DE PUBLICACIÓN: 36
El madrigal infinito, Novela de un soltero, 1a. ed., Renacimiento, Madrid, 1922, rústica, 19,5x12,5 cm, 466 págs.

ORDEN DE PUBLICACIÓN: 37
El último trofeo, 1a. ed., La Novela Semanal, Madrid, 1922, ilustraciones de Echea, cosido a grapa, 14,5x11 cm, 64 págs.

ORDEN DE PUBLICACIÓN: 38
La pobre reina de Chipre, 1a. ed., La Novela Corta, Madrid, 1923, ilustración de cubierta con retrato de RCA de Reyes, ilustraciones del interior de Pons, cosido con grapa, 19x14 cm, 16 págs.

ORDEN DE PUBLICACIÓN: 39
Alegría del mundo, 1a. ed., La Novela Gráfica, Madrid, 1923, caricatura de Garrán en el frontis, ilustraciones de P., cosido con grapa, 15x10,5 cm, 32 págs.

ORDEN DE PUBLICACIÓN: 40
El pecado pretérito, 1a. ed., La Novela de Hoy, Madrid, 1923, "A modo de prólogo" de Artemio Precioso (9 págs), ilustraciones de Riquer, fotografía de RCA en la contracubierta, cosido con grapa, 15x10,5 cm, 60 págs.

ORDEN DE PUBLICACIÓN: 41
Las dos amigas, 1a. ed., La Novela Corta, Madrid, 1923, ilustración de cubierta con retrato de RCA de Reyes, ilustraciones del interior de Pons, cosido con grapa, 19,5x14 cm, 32 págs.

ORDEN DE PUBLICACIÓN: 42

Alma carne, 1a. ed., La Novela Corta, Madrid, 1923, cubierta de M. Verener(?), ilustraciones del interior de Hortelano, rústica con grapa, 19,5 x 14 cm, 32 págs.

ORDEN DE PUBLICACIÓN: 43

Ancilla Domini, 1a. ed., La Novela Semanal, Madrid, 1923, ilustración de cubierta Ernesto Durias, cosido con grapa, 14,5x11 cm, 64 págs.

ORDEN DE PUBLICACIÓN: 44

El gran borracho, 1a. ed., La Novela Corta, Madrid, 1923, ilustración de cubierta de Nuere, ilustraciones del interior de Mike, rústica con grapa, 20x13,5 cm, 24 págs.

ORDEN DE PUBLICACIÓN: 45

El hechizo del sur lejano, 1a. ed., Los Contemporáneos, Madrid, 1923, ilustraciones de Riquer, cosido con grapa, 21,3x15 cm, 24 págs.

ORDEN DE PUBLICACIÓN: 46

La señorita Perséfone, 1a. ed., La Novela Corta, Madrid, 1923, ilustración de cubierta de Hortelano, ilustraciones del interior de Melendreras, rústica con grapa, 19.5x13,5 cm, 32 págs.

ORDEN DE PUBLICACIÓN: 47

El Poderoso, 1a. ed., La Novela Corta, Madrid, diciembre 1923, año VIII, núm. 417, ilustraciones de Mike, cosido con grapa, 14x19,5 cm, 32 págs.

ORDEN DE PUBLICACIÓN: 48

El llanto irisado, Cuentos, 1a. ed., Casa Editorial Moerlins, Berlín, 1924, 159 págs.

ORDEN DE PUBLICACIÓN: 49

Mi amiga Maruja, 1a. ed., La Novela Corta, Madrid, 1924, cubierta H, ilustraciones del interior de Bradley, 19,5x13,5 cm, 24 págs.

ORDEN DE PUBLICACIÓN: 50

Cristo en la Morería, 1a. ed., La Novela Corta, Madrid, 1924, ilustración de cubierta Nuere, ilustraciones del interior Mans Berger, cosido con grapa, 19,5x14 cm, 32 págs.

ORDEN DE PUBLICACIÓN: 51

Los temas literarios y su interpretación, Colección de ensayos críticos, 1a. ed., V. H. Sanz Calleja, Madrid, s.f. [1924], ilustración de cubierta de Pérez Durías, al final incluye catálogo de novedades de Sanz Calleja (4 págs.), rústica, 19x12,5 cm, 236 págs.

ORDEN DE PUBLICACIÓN: 52

La prenda del amor, 1a. ed., La Novela Semanal, Madrid, 1924, con un prólogo (4 págs.) del editor: "R. Cansinos-Assens, ilustración de cubierta Benet, cosido con grapa, 14,5x11 cm, 64 págs.

Orden de publicación: 53

Maternidad última, 1a. ed., La Novela Corta, Madrid, 1924, 24 págs.

Orden de publicación: 54

Las luminarias de Hanukah, 1a. ed., Editora Internacional, Madrid, 1924, rústica, 19,5 x 13 cm, 340 págs.

Orden de publicación: 55

Literaturas del Norte , La obra de Concha Espina, 1a. ed., G. Hernández y Galo Sáez, Madrid, 1924, 275 págs.

Orden de publicación: 56

La onerosa palma de las vírgenes, 1a. ed., La Novela Corta, Madrid, 1924, 32 págs.

Orden de publicación: 57

Los valores eróticos en las religiones, De Eros a Cristo, 1a. ed., Casa Editorial V. H. de San Calleja, Madrid, 1925, escudo de "Cansino" en cubierta y contracubiera dibujado por Ernesto Pérez Durias, rústica, 24x16,5 cm, 175 págs.

Orden de publicación: 58

El padre enlutado, 1a. ed., La Novela Semanal, Madrid, 1925, presentación del editor sin firma: "R. Cansinos Assens" (4 págs.), ilustración de cubierta Ernesto Durias, cosido con grapa, 14,5x11 cm, 56 págs.

Orden de publicación: 59

La casa de las cuatro esquinas, 1a. ed., La Novela Mundial, Madrid, 1926, ilustraciones de interior y de cubierta Gil-Losilla, con una bibliografía (pág. 2) y una presentación editorial, probablemente de J. García Mercadal, del autor (4 págs.), rústica, 17x11,5 cm, 64 págs.

Orden de publicación: 60

La nueva literatura, La evolución de la poesía (1917-1927). Colección de estudios críticos, 1a. ed., Vol. III, Editorial Páez, Madrid, 1927, con blasón de "Cansino" en contracubierta, bibliografía de RCA en pág. 6, rústica, 19x12,5 cm, 464 págs.

Orden de publicación: 61

La nueva literatura, La evolución de la novela (1917-1927). Colección de estudios críticos, 1a. ed., Vol. IV, Editorial Páez, Madrid, 1927, con blasón de "Cansino" en contracubierta, bibliografía de RCA en pág. 4, rústica, 19x12,5 cm, 480 págs.

Orden de publicación: 62

En los columpios, 1a. ed., Editorial Hermes, La Habana, 1928, fotografía de RCA en el frontis, presentación de los editores (2 págs), dibujos de Ferrufino, Biblioteca Diminuta La Gloria, cosido con grapa, 23,5x10 cm, 12 págs.

ORDEN DE PUBLICACIÓN: 63

Los valores eróticos en las religiones: el amor en el Cantar de los cantares, 1a. ed., Mundo Latino, Madrid, 1930, bibliografía de RCA en pág. 5 (2 págs.), escudo de "cansino" en contracubierta dibujado por Ernesto Pérez Durias, rústica, 19x13 cm, 300 págs.

ORDEN DE PUBLICACIÓN: 64

La paleta, 1a. ed., La Novela del Amor, Madrid, 1931

ORDEN DE PUBLICACIÓN: 65

Critica Spagnuola della Poesia Italiana, 1a. ed., Edizioni Terra di Puglia, Madrid, 1932, con fotografía de RCA en el frontispicio, rústica con dos grapas, 21,5x15,5 cm, 22 págs.

ORDEN DE PUBLICACIÓN: 66

Ramón J. Sender y la novela social, 1a. ed., Colección Balagué, Barcelona, 1934

ORDEN DE PUBLICACIÓN: 67

Evolución de los temas literarios, La copla andaluza, Toledo en la novela, Las novelas de la torería, El mito de Don Juan, 1a. ed., Vol. V, Ercilla, Santiago de Chile, 1936, nota editorial en pág. 1 donde se indica que forma parte de La nueva literatura, rústica con solapas, 18x13 cm, 256 págs.

ORDEN DE PUBLICACIÓN: 68

Fiodor Mijailovich Dostoyevski, El novelista de lo subconsciente, 1a. ed., M. Aguilar Editor, Madrid, 1936, ilustración de cubierta Palacios, rústica, 19x12,5 cm, 412 págs.

ORDEN DE PUBLICACIÓN: 69

Los judíos en la literatura española, Episodios y símbolos, 1a. ed., Columna, Buenos Aires, 1937, con prólogo de Luis Emilio Soto, "Cansinos Assens, voz de intimidad" (19 págs.) y un dibujo del busto de RCA por Andrés Calabrese en couché pegado entre págs. 4 y 5, 156 págs.

ORDEN DE PUBLICACIÓN: 70

Mitología, 1a. ed., Ediciones España, Madrid, s.f. [1944], "tomo n.º 5" de la colección Universo, son 20 cuadernillos cosidos con grapa, 15,5x10,5 cm guardados en un estuche de cartón, 320 págs.

ORDEN DE PUBLICACIÓN: 71

Verde y dorado en las letras americanas, Semblanzas e impresiones críticas 1926-1936, 1a. ed., Aguilar, Madrid, 1947, Colección Crisol, con fotografía de RCA junto a la portada, con camisa a 2 tintas, en piel editorial, 12x8,5 cm, 624 págs.

ORDEN DE PUBLICACIÓN: 72

Los judíos en Sefard, Episodios y símbolos, 1a. ed., Editorial Israel, Buenos Aires, 1950, con una presentación del editor (2 págs.) y un prólogo de César Tiempo: "El autor de 'Los judíos en Sefard'" (8 págs.) fechado en Barcelona en abril de 1950, 20 x 15 cm, cartoné sencillo, 200 págs.

<small>ORDEN DE PUBLICACIÓN:</small> 73

Mahoma y el Korán, Biografía crítica del profeta y estudio y versión de su mensaje, 1a. ed., Editorial Bell, Buenos Aires, 1954, con una dedicatoria "Al querido y admirado César Tiempo" (2 págs.) fechada en abril de 1954, introducción de César Tiempo "El autor de 'Mahoma y el Korán'" (10 págs.), texto editorial en solapas,, 448 págs.